U0963826

中国近代新闻学名著系列丛书

芮必峰◎主编

中国近代之报业（上）

—— 赵君豪◎著 ——

中国传媒大学出版社

·北京·

出版说明

本丛书整理再版了近代在中国用中文出版的经典新闻学著作，所涉及的图书既有专著、教材，也有译著，全面涵盖了新闻学理论、新闻业务、新闻史等领域，成书年份前后跨越40年。在这40年间，中国的新闻学科从无到有、从借鉴到创新，成就巨大。对这些著作的再次出版，为研究中国近代新闻学提供了珍贵的史料，绘制了中国近代新闻学的全景，度量了中国近代新闻学的厚度，填补了该领域空白，也为纪念中国新闻学诞生100周年献上了一份厚礼。

我们请中国人民大学新闻学院教授、博士生导师，广西大学新闻传播学院院长，教育部社会科学委员会委员兼新闻传播学科召集人郑保卫，及中国传媒大学传播研究院院长、教授、博士生导师，中央实施马克思主义理论研究和建设工程新闻学首席专家雷跃捷对本丛书的内容进行了审定，并根据专家的意见进行了修改。在此对两位专家所付出的辛勤劳动表示衷心感谢。

由于历史原因，本丛书中的个别图书存在一些问题，为保存历史原貌，为研究者提供一手的参考资料，影印时均基本保持其原貌，未作大的删改，希望读者结合当时的历史条件和历史环境，对其中的观点进行批判性借鉴。原书中存在一些错别字、漏字和排版错误，我们在影印时均未做改动，敬请读者注意。

由于原书出版年代久远，本丛书中的许多书籍难觅其踪，存世数量稀少，版权状况极其复杂。为了保证本丛书的学术性和完整性，我们将具有价值的图书先行选入其中，进行了抢救性发掘，力图保存中国新闻史珍贵的历史资料。版权所有人若有异议，请及时与我们联系。

为更好地体现中国近代新闻学的发展脉络，本丛书特别收录了欧美学者休曼的《实用新闻学》、斯蒂德的《新闻学的理论与实际》；日本学者松本君平的《新闻学》、后藤武男的《新闻纸研究》、杉村广太郎的《新闻概论》。当年这些书的出版对中国近代新闻学具有一定的借鉴意义。

本丛书为影印制作，成书清晰度由原书决定，由于出版年代久远，受当时生产力水平及制作方法限制，难免会存在一些缺陷，敬请读者谅解。

中国传媒大学出版社

总 序

如果从1903年商务印书馆编译出版日本人松本君平的《新闻学》算起，中国的新闻学已有115年历史①。如果从1918年北大新闻研究会建立，徐宝璜开办新闻学讲座算起，中国新闻学教育和研究迄今正好100年历史。我们搜集整理了清末至民国期间一些有代表性的新闻学书籍，希望借此重现早期中国近代新闻学的本来面貌，反映我国新闻学发展的历史脉络，我们认为，这对中国新闻学术、教育史研究以及中国近现代思想史研究都是很有意义的。

从1903年到1949年9月的40多年间，我国公开出版和内部印行的新闻学书籍，包括专著、教材、论文集、资料汇编、参考工具书等，约468种之多。②它们集中反映了我国新闻学的历史发展轨迹。然而，由于多种原因，这些书籍除了几本曾被重印出版外，大多已经是"只闻其名、难觅其踪"，这对我国新闻学研究不能不说是一个遗憾。

本丛书在梳理1903—1949年间出版的有代表性的新闻学书籍的基础上，精选了50部著作，校订注释，编纂再版，也算对这一遗憾的弥补。

从我们挑选的这50部新闻学书籍来看，中国早期新闻学的发展有三个鲜明的特点：

一、中国早期新闻学的发展与中国社会发展，尤其与国家民族利益息息相关

40多年间，中国新闻学从近乎空白到勃然而兴，这与中国社会的动荡、变

---

① 黄天鹏回顾新闻运动时说："有清光绪二十八年，商务印书馆刊行《新闻学》一书，为我国人知有新闻学之始，原书为日人松本君平所著……"资料来源：黄天鹏. 新闻运动之回顾［A］. 黄天鹏. 新闻学名论集［C］. 上海：上海联合书店，1929.

② 林德海，等. 中国新闻学书目大全1903—1987［M］. 北京：新华出版社，1989.

革休戚相关。西方新闻学是现代化的产物，最早形成于19世纪末20世纪初。1901年，"新闻学"一词首见于中文报章[①]，但直到民国前夕，国人对于"新闻有学乎"尚存疑，认为报社就是新闻人才的"养成所"。至1912年上海报业俱进会以"吾国报业之不发达……其最大原因，则为无专门之人才"[②]为由，号召组织报业学堂，培养报业专门人才。不难看出，此时新闻界亦将新闻学视为办报之"技"。至1918年邵飘萍为徐宝璜《新闻学》作序仍"窃叹我国新闻界人才之寥落，良由无人以新闻为一学科而研究之者"[③]。黄天鹏把1903年至1918年新闻学研究会建立之前的十余年视为中国新闻学的启蒙期。[④]

1918年，随着以启蒙为目标的新文化运动愈演愈烈，新思潮涌入国门，"新学""西学"站在旧传统的对立面被学界关注，新闻学思想也不例外。作为公学之首和新文化运动中心的北京大学率先开办新闻学研究会，力证了"新闻学"存在的正当性；徐宝璜《新闻学》一书问世，成为中国新闻学理论的奠基之作。新闻学教育兴起，新闻学研究著作渐盛，待到北伐前夕，中国新闻学从学理上和实践上俱已建立起来。

新文化运动后期，马克思主义传入中国，资本主义文明逐渐"祛魅"。之后的大萧条使得西方国家的痼疾暴露无遗，曾经"理想之彼方"的西方报业也难以幸免。在这一时代背景下，如何建立"吾国之报业"成为新闻学研究的热点，围绕这一热点，一方面，关于中外新闻理论、新闻事业、新闻业务的著作日益涌现；另一方面，军阀对于激进言论的暴力摧残，又引发了新闻人对于言论自由的论争。20世纪20年代的中国新闻学呈现百家争鸣之势。

"在这言论自由纷争之际，也有若干论调，认为新闻纸不过是一种政治宣传的工具，在新闻学方面也唱过所谓社会主义的新闻理论，不过这种论调没有完成，当头的国难已把这种理论粉碎。"[⑤]"九一八"事变后，面对空前的民族危机，"国家至上、民族至上"成为国论，报业成为勾连与动员社会的渠道和网络，

---

① 梁启超．本馆第一百册祝辞并论报馆之责任及本馆之经历［J］．清议报，1901（100）：1–8.

② 戈公振．中国报学史［M］．上海：上海书店，1989：278.

③ 徐宝璜．新闻学［M］．长春：时代文艺出版社，2009：7.

④ 黄天鹏．四十年来中国新闻学之演进［M］//龙伟，任羽中，王晓安，何林，吴浩．民国新闻教育史料选辑．北京：北京大学出版社，2010：149.（以下征引本书时，一律简注为《民国新闻教育史料选辑》。）黄天鹏在此文中提出他对于1903年到战事结束的40余年间中国新闻学发展阶段的划分，原载《中国新闻学会年刊》第1期，1942年9月。

⑤ 黄天鹏．四十年来中国新闻学之演进［M］//民国新闻教育史料选辑．北京：北京大学出版社，2010：161.

致力于推动“舆论统一”。直到全面抗战中期之前，以战争宣传动员为主要研究目标的“战时新闻学”都是新闻学研究的热点。

1943—1949年中华人民共和国成立前夕，随着战争形势的转变，抗日战争已现胜利的曙光，中国新闻学人开始构想新闻业的未来。萨空了①于1943年开始着手书写《科学的新闻学概论》，旨在提醒新闻人应“鉴于美英的前车”②，避免报纸“为大财阀资本家所独占”③，“积极地设法使报纸成为大多数民众自己的相互报道消息、提供意见的工具”④。

二、中国新闻学是“西学东渐”的产物，中国早期新闻学人大多具备西学背景

“西学东渐”的内在精神是中体西用。在“用”的招牌下，西学大量涌入。中国新闻学直接引自日本和美国。首先，中国最早的新闻学译著分别为1903年商务印书馆编辑出版的松本君平的《新闻学》和1913年美国记者休曼著、史青编译的《实用新闻学》。前者成为中国新闻学的开端，而后者作为美国第一本新闻教育著作，“提供采访编辑各种实际问题的解决方案”⑤，也奠定了中国新闻人对于新闻教育之作用的基本构想。

早期中国新闻学人大多具备留美留日的求学背景。徐宝璜曾于美国密歇根大学修习经济学与新闻学，其《新闻学》(1919)的参考文献包括在美国出版的图书23种、在英国出版的图书7种，印证了时任北大校长蔡元培所言，“新闻学之取资，以美为最便矣”⑥。任白涛求学日本早稻田大学政治经济学系时，加入了《朝日新闻》名记者杉村楚人冠等筹建的“大日本新闻学会”⑦，《应用新闻学》

① 萨空了(1907—1988)四川成都人，蒙古族，笔名了了、艾秋飚，记者、主编、新闻学家。1927年任《北京晚报》《世界日报》编辑记者、《世界画报》总编辑。曾任教民国学院新闻系、北京新闻专科学校。1935年任上海《立报》副刊主编、总编辑兼经理。中华人民共和国成立后任中央人民政府新闻总署副署长兼新闻摄影局局长、出版总署副署长、全国政协副秘书长兼《人民政协报》总编辑等职。负责主编《中国大百科全书·新闻出版》卷，著有《科学的新闻学概论》《科学的艺术概论》《宣传心理研究》等。

② 萨空了. 科学的新闻学概论[M]. 香港：文化供应社，1946：36.

③ 萨空了. 科学的新闻学概论[M]. 香港：文化供应社，1946：36.

④ 萨空了. 科学的新闻学概论[M]. 香港：文化供应社，1946：36.

⑤ 黄天鹏. 四十年来中国新闻学之演进[M]//龙伟，任羽中，王晓安，何林，吴浩. 民国新闻教育史料选辑，北京：北京大学出版社，2010：157.

⑥ 邓绍根. 中国新闻学的筚路蓝缕：北京大学新闻学研究会[M]. 北京：清华大学出版社，2015：228.

⑦ 1915年《朝日新闻》的杉村楚人冠等在庆应义塾大学创办“新闻研究会”并讲授课程，后根据该讲义出版了《最近新闻纸学》(1918)。其时，杉村楚人冠还兼任“大日本新闻学会”的筹建者与学会新闻讲座讲师。

（1922）正是仿照杉村楚人冠《最近新闻纸学》一书体例所做。[①]邵飘萍的《实际应用新闻学》（1923）亦参考了《最近新闻纸学》。[②]杉村楚人冠深受美、德新闻思想熏陶，美、日、德的新闻思想因故才传到中国。

事实上，正是留美、留日学生群体的新闻学著述构建起了中国早期新闻学的基本框架。仅本丛书所涉国内著（编）者30人中，剔除资料不详者3人，有留学经历者共计15人。其中留美5人：徐宝璜、伍超、赵敏恒[③]、戈公振[④]、曹用先[⑤]；留日8人：吴定九[⑥]、邵飘萍、黄天鹏、任白涛、张友渔[⑦]、谢六逸、袁殊[⑧]、王文萱[⑨]；

---

① 周光明. 近代新闻史论稿［M］. 北京：社会科学文献出版社，2014：276.

② 方晓红. 中国新闻简史［M］. 南京：南京师范大学出版社，1996：122.

③ 赵敏恒（1904—1961），记者、新闻学教授。早年就读于清华大学，1923年起先后于美国科罗拉多大学文学院、密苏里大学新闻学院、哥伦比亚大学新闻学院攻读英国文学和新闻学，并获新闻学硕士学位。1925年起在纽约环球通讯社当编辑。1927年回国，在国民政府外交部情报处短暂工作后加入路透社。1945年10月任《新闻报》总编，兼任复旦大学新闻学教授。

④ 留学两个及两个以上国家的，按其留学的第一个国家计。

⑤ 曹用先，女，宁波人，天津南开大学社会科毕业。1926年与未婚夫查良鉴自南开大学毕业后，同赴密歇根大学留学，1930年在该校安娜堡完婚。硕士毕业后回国，曾就职于上海商务印书馆编辑所并任教于大夏大学，1949年与查赴台，1951年4月病逝于台湾。

⑥ 吴定九（1890—1930），名鼎，字定九，嘉定人。著名报人，《京报》元勋之一，著有《新闻事业经营法》。公派赴日本名古屋学习土木工程时，与在东京政法学校读书的邵飘萍成为密友。1923年9月，私立北京平民大学设立报学系，时任京报社经理的吴定九担任教授并讲授专业课程“新闻经营法”。

⑦ 张友渔（1898—1992），原名张象鼎，字友彝，又名张忧虞，山西灵石人。法学家、政治学家、新闻学家。先后求学于山西第一师范学校，国立北平法政大学法律系。1927年任《国民晚报》社长兼总编辑。同年加入中国共产党，任中共北平市委委员兼秘书长。1930年赴日留学。“九一八”事变后回国任《世界日报》主笔及燕京大学、中国大学、民国大学、中法大学、北平大学法商学院教授，讲授宪法学、劳动法学、新闻学和日本问题。1943年起在重庆任中共南方局文委秘书长、《新华日报》社论委员会委员、中共重庆工作委员会候补委员兼政策研究室副主任、《新华日报》代总编辑等职。

⑧ 袁殊（1911—1987），中共谍报人员、记者、新闻学者。早年赴日攻读新闻学、东洋史。曾创办上海自修大学并设新闻专科。1931年3月创办的《文艺新闻》，最早揭露了左联五烈士被害的消息。1932年任新声通讯社记者，经潘汉年引介加入共产党。1942年卧底敌伪报纸《新中国报》，1945年10月转移到苏北解放区；1949年调入中央情报部门。著《记者道》《学校新闻讲话》《新闻大王赫斯特》等书；译《新闻法制论》等。

⑨ 王文萱，曾留学日本，1930年5月翻译杉村广太郎的《新闻概论》。1942年国立社会教育学院新闻系成立，王文萱在该系教授新闻业务课程。1947年年初，李宗仁授意萧一山在北平创办《经世日报》作为喉舌，任命王文萱、蓝文澄两位教授为主笔。

旅欧2人为胡愈之和储玉坤[①]（详情见表）。这些涉足新闻学研究的归国留学生兼容并蓄，汲取美、日、德等国新闻理论和马克思主义新闻思想的精华，进行本土化改良，亦从侧面反映出中国新闻学的理论来源。

三、中国早期新闻学人往往兼新闻实践、新闻教育、新闻研究于一身

1918年，北京大学新闻学研究会成立，徐宝璜负责讲授新闻学知识。他结合自身从业经验，参考欧美新闻学书目，形成课程讲义；再结合讲课心得，不断完善新闻学理论。1919年，国人自撰的第一本新闻学专著《新闻学》最终成书。徐在自序中细陈写书修书之过程："新闻学乃近世青年学问之一种，尚在发育时期。余对于斯学，虽曾稍事涉猎，然并无系统之研究。客岁蔡校长设立新闻学研究会，命余主任其事，并兼任导师。余乃于暑假中，正式加以研究，就所得著《新闻学大意》一篇，以为开会后讲演之用。……开会后，余继续研究，加以会员之质疑问难，时有心得，遂将原稿加以修改，成第二次之稿……"[②]显然，"曾稍事涉猎"指其曾经担任《晨报》主笔的工作经历。早期中国新闻学人兼具从业经验和新闻学教学经验者多会总结实践经验、丰富新闻理论、著书立说、传道授业，这种情况并不鲜见。

从早期新闻学著作的作者（编者）身份来看：本丛书涉及国内著（编）者30人，除李公凡、刘元钊和鲁风三人身份不详，仅蒋国珍[③]、项士元[④]二人没有明确的新闻从业经验。而在这25人中，更有20人兼具从业经历与从教经历。新闻学人大多具有新闻从业经历，学术研究、传承活动与新闻实践密不可分（详

① 储玉坤，1912年生，江苏宜兴人，笔名雨君、储华。1937年中央政治学校大学部新闻学及国际政治专业毕业。1938年1月任《文汇报》编辑兼社论撰述者；1938年5月担任《文汇报》法国哈瓦斯分社编辑；抗战胜利后，任《文汇报》总主笔。1946年5月转任《申报》主笔和法国新闻社远东分社中文部主任，兼任中国新闻专科学校教务长和沪江大学新闻系教授。著有《现代新闻学概论》《第二次世界大战史》《美国经济》。

② 邓绍根．中国新闻学的筚路蓝缕［M］．北京：清华大学出版社，2015：244．

③ 蒋国珍出生于1896年，江苏溧阳人，做过学生运动领袖、国民党党员、教育工作者、政府职员、银行经理。曾加入上海学生运动，代表上海全国各界联合会、全国学生联合会、上海各界联合会、学生联合会四团体发声。虞文俊认为其传世的《中国新闻发达史》翻译自日本人伊藤武雄的《中国新闻发达史》，即蒋国珍应为此书的译者而非著者。

④ 项士元（1887—1959），佛教居士、学者。原名元勋，号慈圆，又号石槎。浙江临海人，通日、英、德、梵、俄文，一生佛学著作等身。25岁毕业于杭州府中学堂，后办私立小学和赤城初级师范，兼任各校教师；捐资并赠书创办了临海图书馆。项士元长期辗转江浙等地从事教育、新闻和史志方面的研究工作。中华人民共和国成立后主持台州文管会，任浙江省文史馆馆员。所著《浙江新闻史》是中国最早的新闻史之一。

见表1[①])。

从新闻学著作本身来看，许多民国新闻学书籍正是新闻实践和新闻教育的直接产物：国人自撰的第一部新闻采访学专著——《实际应用新闻学》根据邵飘萍在北京大学新闻学研究会和平民大学新闻系的讲稿所著，《新闻学总论》一书则根据邵氏国立政法大学的新闻学讲义整理而成；周孝庵[②]根据自己在复旦大学的新闻学讲义编著了《最新实验新闻学》；郭步陶[③]的《本国新闻事业》是上海市私立申报新闻函授学校讲义之十一；而《新闻学的基础知识》本就是中美日报读讯会[④]为新闻学自修者所出版的教材《实用新闻学讲义》之一；储玉坤的《现代新闻学概论》则是专门为大学新闻理论教科书而编写的（详见表2）。

正是由于早期新闻学人兼新闻实践、新闻教育、新闻研究于一身，才能为理论教学与著述提供最鲜活的案例，促使新闻实践经验迅速融入新闻学理论研究。这是近代中国新闻学迅速发展的重要因素，对于当今的新闻学研究、新闻学教育工作也有重要启示。

本丛书编委会邀请相关领域资深专家进行研讨，认真甄选了书目，仔细进行了版本比较和甄别，从而保证了本丛书较高的学术权威性。

由于历史的局限，民国新闻学书籍的不足是明显的，如学术理论不成熟、部分话语和话题打上了深深的时代烙印等；又因书中涉及的新闻稿件写作于特定历史环境和历史年代，其表达方式不严谨亦不可避免。盖所选书目皆是历史文献，我们在审校中尽量保持其历史原貌，不做大的删改；对极个别对马克思

---

① 李秀云. 留学生与中国新闻学［M］. 天津：南开大学出版社，2009：239-251. 本书中李秀云整理了民国期间从事新闻学研究的留学生44人，并分析其留学国别构成、专业构成、新闻实践经历、从教经历等。

② 周孝庵（1900—1973），佛教学者、律师、报人。松江府人。毕业于江苏省立第一商业学校。历任上海时事新报馆记者、编辑、主编，著《最新实验新闻学》。1928年秋被复旦大学聘为新闻学教授。曾于上海法政大学获法学学士学位，1930年兼律师。1932年主编上海《新闻报》“法律质疑”栏目、编著了《法律质疑汇编》。上海沦陷后，曾氏关闭了律师事务所，潜心佛学研究。

③ 郭步陶（1879—1962），原名成爽，后改名惜，字步陶。四川隆昌人。名记者、新闻研究者。1911—1917年任《申报》编辑，1917年任《新闻报》编辑主任、主笔。1930年任教于复旦大学新闻系。上海沦陷后赴香港，任职于《申报》（香港）、《星岛日报》；1939年创建中国新闻学院（香港）并任院长。抗战胜利后回沪任教于复旦大学、新中国学院。

④《中美日报》是“孤岛”时期的国民党报纸，为躲避日伪新闻检查，在美商罗斯福出版公司招牌下运作，副刊有《集纳》《堡垒》等。1938年11月创刊，1941年12月停刊，1945年8月复刊，次年4月终刊。总编先后为杨勋民、查修、詹文浒，总主笔周宪文，执笔者有储玉坤、章丹枫等。胡道静曾任英文编辑。报社读讯会为自修新闻学的读者出版了《实用新闻学讲义》，共计10种，对编辑术、采访术、评论作法、新闻写作、新闻学史、剪报工作等都有专篇论述。

主义、共产党等的不适当叙述已进行了删除处理。

本丛书规模较大，从策划项目、搜集资料、校订编纂到审稿成书，历时两年有余。这50本书可能并非本本经典，其中有些内容亦有重复、雷同之处，但瑕不掩瑜，它们对于研究中国新闻学功不可没，作为新闻史资料极具研究价值。感谢中国传媒大学出版社和安徽大学新闻传播学院诸位老师的辛勤付出，也希望读者在本丛书中能读出更丰富的内容，获得启发并更深入地思考。

丛书主编　芮必峰

2018年5月7日

附表：

表1 著者受教育、从业、从教及著述情况列表

序号	姓名	是否留学及留学国家	从业经历	从教经历	著作
1	徐宝璜	美国密歇根大学，经济学、新闻学	北京《晨报》主笔	北京大学新闻学研究会、北京平民大学新闻系	《新闻学》《新闻事业》
2	戈公振	1927年赴美国、日本考察新闻事业	首创《图画时报》、“上海新闻记者联合会”会长、《申报》总管理处设计处主任兼《申报星期画刊》主编	上海南方大学新闻系、上海国民大学新闻系、复旦大学新闻系、上海沪江大学商学院、上海民治新闻学院	《新闻学撮要》《中国报学史》《新闻学》
3	邵飘萍	东京政法学校	《汉民日报》主编、《时事新报》《申报》《时报》主笔、创办“北京新闻编译社”、《京报》社长	北京大学新闻学研究会、北京平民大学新闻系、国立法政大学	《实际应用新闻学》《新闻学总论》
4	吴定九	日本名古屋工业专门学校土木工程	主持《京报》	北京平民大学新闻系、国立法政大学	《新闻事业经营法》
5	谢六逸	日本早稻田大学东洋文学史	《立报》文艺副刊《言林》主编、《国民周刊》《趣味》周刊主编	复旦大学新闻系、申报新闻函授学校、国立社会教育学院新闻系、暨南大学新闻系、大夏大学新闻系	《实用新闻学》《国外新闻事业》《新闻储藏研究》
6	黄天鹏	日本早稻田大学新闻系硕士	在北平创刊《新闻学刊》并担任主编	复旦大学新闻系、上海沪江大学商学院新闻学科	《新闻文学概论》《中国新闻事业》《新闻学入门》《新闻学概要》
7	赵敏恒	美国科罗拉多大学文学院、密苏里大学新闻学院、哥伦比亚大学新闻学院攻读英国文学和新闻学，并获新闻学硕士学位	纽约环球通讯社编辑，后加入路透社。“九一八”事变后为美国国际新闻社、伦敦《每日电讯报》《朝日新闻》等供稿。1945年10月任《新闻报》总编辑	复旦大学新闻系、中央政治学校新闻系、暨南大学新闻系	《外人在华的新闻事业》

续表

序号	姓名	是否留学及留学国家	从业经历	从教经历	著作
8	周孝庵	无	历任上海时事新报馆记者、编辑、主编；主编《上海新闻报》“法律质疑”栏目	复旦大学新闻系、新闻大学函授科	《最新实验新闻学》
9	张友渔	1930年、1932年、1935年多次赴日学习新闻学、考察日本新闻事业	《世界日报》编辑、《大同晚报》总编辑、《国民晚报》社长、《泰晤士报》总编辑、《新华日报》社论委员	燕京大学新闻系、北平民国学院新闻系	《新闻之理论与现象》《日本新闻发达史》
10	袁殊	日本新闻专科学校、早稻田大学历史系	创办《文艺新闻》《译报》、新声通讯社记者	上海自修大学新闻专科	《记者道》《学校新闻讲话》《新闻大王赫斯特》《新闻法制论》（译）
11	胡愈之	1928年法国巴黎大学攻读国际法	《东方杂志》编辑、创办《公理日报》、哈瓦斯通讯社远东分社中文部编辑主任、主编新加坡《南洋商报》		《胡愈之出版文集》
12	储玉坤	留法	《新闻报》编辑、《文汇报》编辑、法国哈瓦斯通讯社中国分社编辑、《文汇报》总主笔、《申报》主笔、法国新闻社远东分社中文部主任	中国新闻专科学校、沪江大学新闻系、之江大学新闻系、致用大学新闻学系	《现代新闻学概论》
13	任白涛	日本早稻田大学政治经济学	创办中国新闻学社、《新湖北日报》总编辑		《应用新闻学》《综合新闻学》
14	曹用先	美国密歇根大学①	上海商务印书馆编辑所②	大夏大学③	《新闻学》

① 毛彦文．往事［M］．北京：商务印书馆，2012：28.

② 雪林．一段值得介绍的婚姻（红藏·生活·第四卷第三十八期）［M］．湘潭：湘潭大学出版社，2014：435-437.

③ 毛彦文．往事［M］．北京：商务印书馆，2012：28.

续表

序号	姓名	是否留学及留学国家	从业经历	从教经历	著作
15	王文萱	留日[①]	《经世日报》[②]	国立社会教育学院新闻系[③]	《新闻概论》（译）
16	伍超	留美“攻读新闻科”[④]			《新闻学大纲》
17	郭步陶	无	《申报》编辑、《新闻报》编辑主任兼主笔、《申报》（香港）、《星岛日报》编辑	复旦大学新闻系、《申报》新闻函授学校、中国新闻学院（香港）、新中国学院	《本国新闻事业》
18	任毕明[⑤]	无	《民国日报》《时报》《快报》主笔、《大众日报》总编辑	香港中华新闻学院	《战时新闻学》《评论学十讲》
19	赵君豪[⑥]	无	《申报》副总编辑	上海商学院新闻专修科、复旦大学新闻系、上海法政学院新闻专修科	《中国近代之报业》《上海报人的奋斗》

① 杉村广太郎．新闻概论·黄序［M］．王文萱，译．上海：联合书店，1930.

② 冯国定．忆萧一山先生［M］//中国人民政治协商会议北京市委员会文史资料研究委员会文史资料选编（第43辑），北京：北京出版社，1992：104.

③ 苏州大学社会教育学院．峥嵘岁月（第三集）［M］．北京、上海、南京、苏州校会．1991：229.

④ 伍超．新闻学大纲·自序［M］．上海：商务印书馆，1925.

⑤ 任毕明，原名任大任，生于1904年，广东鹤山人。1925年在广西梧州创办《民国日报》，曾任《时报》《快报》主笔，主持过香港的《大众日报》。参与创办香港中华新闻学院，并任教。著作有《龙虎集》《风云集》《社会大学》《新社会大学》《战时新闻学》和《评论学十讲》等。

⑥ 赵君豪（1900—？）江苏兴化人。报人。“五四时期”求学于上海交通大学，经常给著名的《民国日报》副刊《觉悟》投稿，并与时任《觉悟》编辑的邵力子讨论种种社会改造问题。毕业后进入《申报》馆工作，抗战后任《申报》副总编辑。1929、1942年两度兼任复旦大学新闻系编辑教授；1930年兼任上海法政学院新闻专修科教授，讲授采访学；曾任《申报》新闻函授学校教授。1944年10月在重庆出版《上海报人的奋斗》。

续表

序号	姓名	是否留学及留学国家	从业经历	从教经历	著作
20	杜绍文[①]	无	杭州《民国日报》国际版编辑、《东南日报》《前线日报》主笔兼《新闻战线》周刊主编、《东南日报》总编辑、《文汇报》办公室主任	复旦大学新闻系	《新闻政策》《中国报人之路》《战时报学讲话》《国际新闻纵横谈》
21	胡道静[②]	无	《万有文库》编辑、上海通志馆编修、《通报》《中美日报》《大晚报》等报记者、编辑、撰稿人	上海法政学院新闻专修科	《上海新闻事业之史的发展》
22	张静庐	无	创办上海杂志公司并出任总经理		《中国的新闻记者与新闻纸》《中国近代出版史料》《中国现代出版史料》《中国出版史料》《在出版界二十年》
23	萨空了	无	《北京晚报》编辑记者、《世界日报》画刊编辑、《世界画报》总编辑、天津《大公报》艺术半月刊主编	民国学院新闻系、北京新闻专科学校	《科学的新闻学概论》

① 杜绍文（1909—？），又名杜超彬，广东澄海人。1927年入复旦大学中文学新闻组学习，1931年留校助教。后任杭州《民国日报》国际版编辑、资料室主任、浙江《东南日报》主笔。抗战期间主编浙江战时新闻学会会刊《战时记者》月刊,《国民日报》总编辑、社长；抗战胜利后任上海《前线日报》主笔兼《新闻战线》周刊主编。1946年至1951年间任复旦大学新闻系教授，1952年任上海《文汇报》记者、编委办公室主任。著有《新闻政策》《中国报人之路》《战时报学讲话》《国际新闻纵横谈》。

② 胡道静（1913—2003），安徽泾县人。1931年毕业于上海持志大学国语系。曾参加《万有文库》编辑和上海通志馆编修工作。“孤岛”时期坚守上海新闻界抗日宣传工作，任《通报》《中美日报》《大晚报》《密勒氏评论报》记者、编辑、撰稿人，同时在上海法政学院新闻专修科讲授新闻史课程，为共产党的抗日宣传培养新闻干部。1949年后历任中华书局上海编辑所编辑、上海人民出版社编审等。

续表

序号	姓名	是否留学及留学国家	从业经历	从教经历	著作
24	管照微[①]		复旦大学校刊编辑、1931年兼任上海新闻社记者	兰州大学经济系	编《新闻学论集》
25	项士元				
26	蒋国珍	疑为《中国新闻发达史》的译者而非著者[②]			
28	李公凡	不详			
27	鲁风	不详			
28	刘元钊	不详			

① 管照微，高中就读于上海立达学园，曾与王济深、刘仲达、唐旭之等先后组织了“时潮社”和“立达剧团”。后进入复旦大学新闻系学习，与伍梦窗、林楚君、向浦、徐之津等加入了复旦大学“左联”，并负责复旦大学的校刊编辑工作。1933年12月21日因宣传左翼思想被捕，后任教于兰州大学经济系。

② 虞文俊是东亚中国新闻史研究第一人。《中国新闻发达史》译者蒋国珍初考［J］. 新闻界，2015（15）.

表2　书目

序号	年份	书名	作者	备注
1	1903	新闻学	〔日〕松本君平 著	
2	1913	实用新闻学	〔美〕休曼著 史青译	
3	1919.12	新闻学	徐宝璜[①] 著	北京大学 新闻研究会讲稿
4	1922.11	应用新闻学	任白涛[②] 著	
5	1923.8	实际应用新闻学	邵振青 著	北京平民大学、 国立法政大学讲义
6	1924.4	新闻事业	徐宝璜 胡愈之 著	
7	1924.6	新闻学总论	邵飘萍 著	
8	1925.1	新闻学大纲	伍超 著	
9	1925.2	新闻学撮要	戈公振[③] 编	
10	1927.9	中国新闻发达史	蒋国珍 著	
11	1927.11	中国报学史	戈公振 著	
12	1928.9	中国的新闻纸	张静庐 著	
13	1928.11	最新实验新闻学（上）	周孝庵 著	复旦大学新闻系
14	1928.11	最新实验新闻学（下）	周孝庵 著	复旦大学新闻系
15	1930.4	新闻事业经营法	吴定九 著	
16	1930.5	新闻概论	〔日〕杉村广太郎 著 王文萱 译	

① 徐宝璜，中国新闻学者、新闻教育家。1912年毕业于北京大学，后公费留美，于密歇根大学攻读经济学、新闻学。徐宝璜在美国密苏里大学受过系统的新闻学教育。

② 任白涛，笔名冷公、一碧，河南南阳人。1911年辛亥革命后，先后担任上海《民立报》《神州日报》《新闻报》驻河南特约通讯员，参加当地反袁活动。1916年留学日本，在早稻田大学攻读政治经济学，并加入了大日本新闻学会。

③ 戈公振所著的《中国报学史》最早由上海商务印书馆出版，是研究新闻学和我国新闻事业发展史的开山之作，国内外新闻界将之誉为中国首部新闻史学权威著作。任教上海国民大学期间，戈公振开始着手《中国报学史》一书的写作。在从事新闻工作之余，戈公振致力于新闻教育事业和新闻学研究工作，曾在上海国民大学、南方大学、大夏大学、复旦大学等校新闻系和杭州暑假报学讲习所讲授新闻学方面的课程，在新闻学研究上留下了许多著述。

续表

序号	年份	书名	作者	备注
17	1930.8	中国新闻事业（上）	黄天鹏[①] 著	
18	1930.8	中国新闻事业（下）	黄天鹏 著	
19	1930.8	新闻纸研究	〔日〕后藤武男 著 俞康德 译述	
20	1930.9	浙江新闻史（上）	项士元 编	
21	1930.9	浙江新闻史（下）	项士元 编	
22	1932.7	学校新闻讲话	袁殊 著	
23	1932.8	外人在华的新闻事业	赵敏恒 著	
24	1933.4	新闻学入门	黄天鹏 著	
25	1933.10	新闻学论集	管照微 编	复旦新闻学会丛书
26	1935	实用新闻学（上）	谢六逸[②] 编	申报新闻函授学校讲义之三
27	1935	实用新闻学（下）	谢六逸 编	申报新闻函授学校讲义之三
28	1934.1	新闻学	曹用先	
29	1934.2	新闻学概要	黄天鹏 编	复旦大学讲义、上海沪江大学新闻学专修科
30	1935	上海新闻事业之史的发展	胡道静 著	
31	1936.5	新闻学讲话	刘元钊 编著	

① 黄天鹏，字天鹏，别号天庐。1927年1月，他创办了我国首个新闻学刊（1929年扩改为《报学月刊》）并任主编；他是我国新闻学术史上最早研究新闻学之产生及发展史的学者，是我国具有新闻学术史观的第一人。他于1923年就读于北京平民大学报学系，1929年留学日本,修业新研究所,旋入早稻田大学新闻系。归国后出版了《新闻文学概论》《中国新闻事业》《新闻学入门》《新闻学概要》等十余本新闻学专著。

② 谢六逸，中国现代新闻教育事业的奠基者之一。著名的作家、翻译家、教授。1917年以公费生身份赴日就读于早稻田大学。1922年毕业归国，入商务印书馆工作。后历任神州女校教务主任及暨南大学、复旦大学、大夏大学教授。1930年任复旦大学中文系主任，并创设了后来闻名海内外的复旦大学新闻系，任主任。

续表

序号	年份	书名	作者	备注
32	1936	本国新闻事业	郭步陶 编著	申报新闻函授学校讲义十一
33	1936.6	新闻之理论与现象	张友渔 著	
34	1936.11	记者道	袁殊 著	
35	1937.7	现代新闻学概论	储玉坤 著	国民党政府唯一指定大学新闻理论教科书
36	1938.7	战时新闻学	任毕明 著	
37	1938.9	中国近代之报业（上）	赵君豪 著	
38	1938.9	中国近代之报业（下）	赵君豪 著	
39	1938.10	基础新闻学	李公凡 著	
40	1939.7	中国报人之路	杜绍文 著	
41	1940.4	新闻学	戈公振 著	1932 年完稿，另有 1947 年版
42	1941	新闻学的基础知识（上）	中美日报读讯会 编	中美日报读讯会实用新闻学讲义
43	1941	新闻学的基础知识（下）	中美日报读讯会 编	中美日报读讯会实用新闻学讲义
44	1941.7	综合新闻学 1	任白涛 著	
45	1941.7	综合新闻学 2	任白涛 著	
46	1941.7	综合新闻学 3	任白涛 著	
47	1944.9	新闻学	鲁风 著	新中国自修学院约稿
48	1946.6	科学的新闻学概论	萨空了 著	另有 1945.3 出版的署名艾秋飚的版本
49	1946.11	新闻史上的新时代	胡道静 著	
50	1947.12	新闻学的理论与实际	〔英〕斯蒂德 著 王季深 吴饮冰 译	上海文化函授学校读本

再版序言

中國近代之報業一書，出版迄今，適僅三月，銷行之速，出於預期，在余個人方面，固未敢引爲滿足；社會人士，關心報業進展之跡，與夫潛在之因素，讀此書者，聲氣相應，紛以問題，來函研討，斯則令余忻喜不置者也。茲獲再版機會，敢攄私見，以盡未竟之言。

報紙爲社會公器，從事報業者，應秉國家至上，民族至上之精神，竭盡才能，爲國家民族謀至上之福利，不容有些微私見，滲雜於其間，此爲一致公認之原則。故編輯新聞也，宜以無我觀念，縈繞於胸際，估計其價値，權衡其重輕，孰者擯棄，孰者刋佈，一秉至公，斯爲最當。至撰述評論，則宜度理衡情，顧到國家利害，愼影響全局，似不應握管在手，成見自操，指摘隨心，漫駡快意；蓋世間公理不泯，報紙固可指導輿論，而同時亦當受輿論之指導者也。

新聞記者與時代並進，學問見識，宜隨時吸收，方足以適應環境，爲人表率，故工作餘暇，應博取書報，從事研究。務期每個問題，均有澈底瞭解，始發爲言論；否則一知半解，語不驚人，縱日日爲文，人不重視也。今之記者，自視過高，殆爲通病，或自鳴淵博，或標榜主義，要皆環境養成，初無足異。値茲大時代中，新聞記者應承認過去錯誤，應力求今後自覺，宜如何吸取廣博智識，以適應未來之艱鉅工作，同業諸君，不乏明哲之士，願共勉之。

此書初版本，原爲十二章，於廣告發行及報業管理諸端，獨未論及，讀者非之，茲續寫三章，以彌此缺憾。惟余向未從事營業，所述難免隔閡，但囿於聞見，所得者僅此，亦只舉其所知而已。又初版本第五章戰時之採訪，以淞滬戰場爲範疇，原爲蔣槐青君初稿，經節錄刊登者，茲以戰區擴展，前綫採訪，倍極艱辛，原文與實際情形，微有出入，故余又自寫一章，以求適合。

香港大公報對於此書之評論，誠有令余感媿者，茲附錄於後，以明讀者之感想，非敢藉以自詡也。

在各種出版物中，新聞學書籍數量比較的少。其原因不外：一，由於國內新聞事業現在尙沒有達到發展的高峯，從比較落後的報業中，採取著作材料，往往感覺到不易下手。二，從事報業的人，由於生活和環境的關係，在每天壓迫着的工作之下，很少精力及餘暇，來做一些關於自身業務上的著述。基於這兩種原因，我們一面感覺到新聞學的書籍委實太缺少，一面却又不得不認爲，凡是這一部門中的作品，多很可叫我們珍視，推崇，和介紹。

誠如著者在本書附識中說：「……報紙與時爲一體，時無刻不在進展中，報亦隨時以推演……，」由着時間與空間所交織起來的，纔是事業過程中的史的記錄。著者服務新聞界垂十六年，凡所耳聞目覩的，沒有一件不是憑着親身的經歷，一己的體嘗所得來的，從本書中著者的見解論調來說，至少以避免了臆斷，誤解和誇大等弊病。全書又很少引用在外國怎樣，在日本如何等一類的語調，足見著者所講的並不是些翻譯式的介紹語，乃是從經驗上所得來的老實話。著者除了多年在報館中實際的服務經驗外，又曾擔任過幾處大學的新聞學講座，和刊行過幾種報紙及著作；是一個知道新聞事業，並教過新聞學的人，本書材料的活潑，解說的透切，及條理的清楚，確比以前類似的幾本書爲高明。

本書分十二章，都十萬言。內容堪稱精新確博。無疑的，著者因爲自己是一個報業的從業者，平素在工作上就保持着這個標準的緣故。其中如第五章戰時之採訪；第七章新聞廣播；及第九章小報與小型報等，都是包含着許多新材料，可謂與時俱進的收穫。全書對於近代我國報業之全貌，闡述無遺，而且是忠實的素描，沒有過火或曲意繪述的地方，這也可以說是新聞記者忠實於報道的本色呢。

我們常聽到目下報紙的讀者，對於他們的「精神的食糧」；發出不滿意的批評，或熱烈地期望着有更迅速，更顯著的改進。凡是「知其然而不知其所以然的」，很可以拿這本書來先看一下，然後再發爲批評，或表示他們的希望，那沒一定更合理，而更精確了。這是說一般報紙的讀者，能從這本書裏所找到的解答。

本書給予從事新聞學研究者的幫助，敢說是在有值價的幾種新聞書籍中良好的一本。因爲本書的敍述，著者雖是用客觀的態度，而內心則保持着他豐富經驗的明確論斷。指示初學者以事的本末，因果，和所形成的現象。凡欲研究近代我國報業者，固屬不可不讀；即從事於社會問題，文學，歷史，或其他方面的研究者，亦應一讀此書，俾知「時代的記錄」——報紙中所潛在的因素，和在一個比較的短暫時期中所表現的遞嬗之跡象。

在時代的動盪之中，這本書確能予我們——尤其是從事於報業的同行者，一個很好的借鏡。我們固然要隨着時代之輪，向前邁進，但，也不能不回顧着過去的陳跡，來作爲我們更進一步的必要準備。「中國近代之報業」——一部中國報業活的記錄——無可疑義的已滿足了我們這一個要求。

最後余當感謝孫恩霖君於再版時，助余蒐集材料，，畫師袁松年君，爲余設計封面，特附識一言於此。民國廿七年十二月趙君豪

初版序言

十餘年來，中國之報紙，自精神物質與內容三方面言之，均有顯著之進步，發揚民族意識，建立公正輿論，此精神方面之進步也；新聞傳遞迅捷，印刷技術改進，此物質方面之進步也；材料力求充實，編制不斷更革，此內容方面之進步也。凡此三者，吾人若以報紙過去之情狀，與現在之姿態，一相比較，當亦確認此顯著之進步，殆無疑義。報紙爲時代之讀物，自亦隨時代洪流，以共相進展，故謂報紙之進步，毋甯謂爲時代進步之爲愈。

余嘗蓄一私念，擬就此進展情狀，酌爲記述，以明過去之跡；顧欲言者奚止萬千，不知如何下筆？更不知從何處着手？荏苒數年，未成隻字，亦徒置之而已。今歲報紙休刊，職務清簡，午夜家居，寂寥萬狀；夫以終夜無眠之人，一旦無所事事，又寧甘長此落寞？緣再執筆，奮力以爲。

將從何處入手乎？余亦嘗讀報學之著作矣，或敍報紙歷史，作詳盡之記載，或述採訪門徑，示初學以準繩，剪報舉例，以明學理者有之，羅列統計，以供考證者有之，凡他人之已言者，似毋勞余之詞費，余又自念，余之所言，亦豈他人所欲？

思慮至再，惟取余親身體驗者言之，斯爲最當，蓋親身體驗，俱爲事實，事實敷陳，或足爲某一時代之反映，因秉此旨，陸續寫記，或作或輟，歷時三月而書成，凡余所欲言；抑余所能言者，似已盡之矣。全書計得十二章，初述內容，編排，採訪，印刷諸端，此報紙本身之事也。其與報業有密切之關係者，若通訊社，新聞廣播，新聞教育等，亦就一己所知，織爲陳述。更取個人感想，臚列篇章之內，明知見識學問有限，所言或未得當，但吾人各具見解、本無需乎强同，余既已言之，亦惟目存之而已。

民國十二年，前申報總主筆陳景韓先生，爲『最近之五十年』寫一文，題曰二十年來記者生涯之回顧，當時余初入申報，學習編輯之事，獲讀此文，大爲感動。此文之作，去今十五年矣，余今日復取而讀之，深覺凡陳先生所言者，句句咸入余之心坎，中心無所疑慮，更無可搖撼，竊以爲再越十五年，或若干年者，此文之價值，將依然存在，絕不因時代之邁進而有所減色，蓋世間一切，均含定律，律不因時而消滅，此文者，治報之定律也。讀者試一讀之：

前之十年，余對於報紙，惟有一念；時時自思曰：必若何而後人閱我報？後之十年，余對於報紙，另易一念，時時自思曰：必若何而後人閱我報而有益。人之識見，學問，精神有限，必謂日日所出之報，爲一無差誤，蓋必不可能之事；惟差誤之處，確係差誤，而非有意爲之，則對於己之責任盡矣。

余謂做報最簡單之規則，惟愼擇可靠之訪員，據訪員之報告，再證以各種之參考，採爲記事；然後根據記事，發爲明白公平之評論，如是而已。

記者之職業，不可自視太高。報紙之一方面，固可指導輿論；而又一方面，亦當受輿論之指導。然亦不可自視太卑，一切皆可讓步；惟此意思之自由，斷不能爲人收買。

世間原無絕對自由之事，惟同一不自由，毋甯屈於威力；而不可自行販賣。屈於威力，外雖束縛，而心尚自如。若自行販賣，則并一己之意思而亦喪失之矣，斯實可謂世間最不自由之人。

做報之用力，不在一時，而在繼續，繼續又繼續，而至於畢生；則其效驗必視乘興而來，興盡而去者爲大，蓋報與時爲一體，時無刻不在繼續中，故報亦當如是也。

皆之興還，爲世間不可逃之公例，凡根本之實力不足，而欲以急就之方，收過分之功效者，皆名曰借。故做報而取奮興人心之法，以求銷路之增加，雖能收效於一時，而奮興之力既過，終且日益衰落，此即借之與還也。

權者，世間之公器，人在其職，不過代為之運用耳，故一旦權在其手，而取以自便其私，則權必不能久有，故報紙上之記載與議論，記者斷不可因權在於手之故，任以私意侵入其間。

辦報之人，絲毫不可有利用報紙之心，然欲不利用甚不易，最下者，因以攫財弋位，其次者藉以報恨雪憤，固皆報紙之賊；即有高尚之人，矜才使氣，意欲自顯其文章經濟，而不暇計及事理者，是亦未能忘情於利用者也。

報紙最要之點：一曰確，二曰速，三曰博，故記者第一步之自勵，為在在不遺漏；不遺漏然後能博取。

報館之記者，與營業，與工作，與機械，事事有相聯之關係；苟平時不並注意，則日後必有為一部分之故，而致全體牽累者，故各部分之人，必須誠心合作。

記者固以言論爲職，不能責之以事事實行，然其平日所行之事，必須與其所發之言論，不相反背，然後其言論始有若干價値，而能取信於人。

陳先生之定律，至簡易易爲也，惟其易也而人不爲之，或不願爲之，譬之學弈，象棋易學而難精，余於治此文也，亦有此感想！

抑余尤有進者，中國報紙歷史，至今未盡百年，近代報業，尤有顯著之進步，成績如是，差足自慰，惟報紙與時代爲一體，時固前進不已，報亦進展不息，今日之以爲滿足者，他日或以爲不然，後之視今，亦猶今之視昔；凡茲所述，若干年後，必又隨時代以俱去，視爲無足重輕者矣。

値茲大時代中，全民族艱苦卓絕，各具復興信念；而新聞記者所負之使命，尤爲重大，願以此書獻諸同業諸君，藉示互相策勵之意云爾。民國廿七年八月趙君豪

中國近代之報業目錄

第四章　新聞之採訪

第十章　報紙印刷術

圖景目錄

中國近代之報業

趙君豪著

第一章　緒論

第一節　報紙之元素

近人有言，報紙爲精神之食糧，於任何忙迫或任何環境之下，如一日不讀報，則惶惶然若有所失，蓋社會組織，日趨複雜，人事接觸，益感紛繁，報紙所載，包羅萬象，與任何人皆有相當之關係，換言之，卽吾人所欲知之事，只可於報紙中得之，而報紙之使命，亦卽於繁複之社會中，儘量採取新的事實，以貢獻於大衆者也。報紙爲社會之縮影，吾人既一日不能脫離社會，卽一日不能不讀報紙，故謂報紙爲精神之食糧，其誰曰不宜？

一般人之論報紙者，以為報紙之使命，不外二端：一為傳達正確消息，二為建立公正輿論，自表面觀之，此二者如能忠實以為，似已盡報紙之能事，殊不知一報紙之形成，尚有若干潛在之元素在焉。茲分述如下：

報紙之大衆化　報紙既為社會之縮影，則報紙亦即為社會所有，故昔人有言，報紙者，社會之公器也，烏可一人而私之？報紙之內容，既以大衆為對象，故所載之消息，應以大衆之利益為利益，大衆之是非為是非，斷不容有一毫私見存於其間。報紙固欲求其大衆化，抑且欲得大衆之信仰，欲達此目的，應於消息與輿論二者，加以深切注意，消息應求其正確，輿論務期其公允，果能如是，則讀者於閱報之際，胸中當感覺無限之滿足，以為凡報紙所言，悉吾所欲言也，報紙所述，悉吾所親歷其境也，夫如是，大衆始生信仰之心，而報紙之力量，亦因此而日趨於廣大。報紙之資源，取之不竭，用之不竭，凡社會上一切事件合於新聞條件者，胥屬報紙之材料。材料之範圍既廣，取捨之標準亦嚴，吾人應時時顧及大衆之趣味，以合於一般的需要為依歸，萬不許以某一階級或某種讀者爲對象也。報紙既爲大衆之讀物；故文字以淺顯爲貴，事實以簡明爲主，務使一紙所載，婦孺咸知，若專事文字之精湛，事實之曲折，皆非優良報紙之所宜有也。

報紙之教育化　吾人試取報紙讀之，自首葉以至於終了，其間無往而不含有教育之意味，若者爲國內政情，若者爲國際局勢，若者爲商業金融，若者爲社會瑣聞，皆一一顯露於眼前。如選一優良之報紙，日日披讀，則人的動態，事的變遷，必可瞭然於胸，此誠現實之教育讀物也。近人以報紙爲現代史料，誠非虛語。從事報業者，既知報紙具有教育性質，應於撰稿或編輯之際，體會此中作用，將優良之事跡，予以宣揚，卑劣之描寫，極力減削，蓋報紙與讀者關係密切，影響所及，亦復匪淺也。年來或有以倡導社會新聞爲推廣銷路之一法者，於個人之陰私，盡情揭露，刻畫入微，其目的蓋在迎合一般低級之趣味；而其結果，適足以引人爲惡，此固爲法律所不許，抑且有傷報格，去報紙教育化之意味遠矣。

報紙之時代化　人類生活，固無時無刻不在推演之中，日復一日，進展永無盡期，故隨時代以俱進者，其人恆能適應環境，勇邁直前，反之則爲時代落伍者，其思想與行動，或不爲大衆所見諒。報紙爲時代之讀物，自應隨時代以進展，尤應領導大衆以謀適應時代。惟吾人之所謂適應時代者，非盲從一種新的學說或倡導一種新的主義也，吾人之標準，自以國家之立場，大衆之利害，而謀適應時代之方案，譬之國家入於危難之境地，當政治動盪不定之際，爲國民者，宜如何忍耐痛苦，宜如何犧牲小我，方足以適應環境，報紙之任務，蓋在此種偉大時代之下，而謀所以領導大衆入於正軌也。

報紙之民族化　各國之新聞事業，俱有其立場，即所謂新聞政策是也。吾人須深切認識，各國之新聞政策，無論其國家之政治制度何若，或爲法西斯蒂，或爲民主主義，而其所確立之新聞政策，則均以整個民族爲對象。中國爲一半殖民地之國家，職司輿論之報紙，尤應具有民族化之元素，一方面固應將舊社會的遺留，予以淸除，一方面尤須努力於民族獨立國家完整之使命。近年以來，政府對於統制新聞事業，頗多致力，雖實施之方法「如檢查新聞等」，容有可訾議之處，然最初之動機，爲全民族着想，固亦無可責難也。或又謂報紙爲公共事業，應由國家經營者，若蘇聯與意大利等國均早已實行，此種主張，一時殊難下一論斷，但報紙爲社會公器，縱由私人經營，亦決不容許離開整個民族之立場也。

第二節　報紙之溯源

治報學者，如追溯其源流，則報紙固有悠久之歷史。茲先略述外國報紙之發源：

西報之發軔　近代新聞紙之出現，始於意大利之威尼市 Venice，其始名爲『能囀之鳥』，初發行於威尼市之市政廳，每月刊行一次。旣而意大利之各市，皆以其便利而仿行之。自威尼市新聞發行後，各私家亦大都仿印，於是大觸政府之忌，不許發行，民間乃手抄發送，故威尼市新聞，至十六世紀終，印刷術發明之後，尚有寫本，今意京圖書館中，藏有此寫本三十卷，三百年前物也。據西籍所載，報紙之嬗演，實隨印刷發明以俱進，最初時，僅有傳單式之廣告，其後進而爲小冊，再進而爲新聞書冊，所謂新聞書冊者，係廣告之合訂本。吾人嘗見德國及荷蘭十六世紀末葉及十七世紀初葉之此類刊物，其內容專介紹新著作等，此實爲報紙之濫觴。一六二二年，英國始有週刊，五十年後，始有每日新聞之發行。英國之第一種日報名Daily Current者，實於一七〇二年出版。美國之第一種報紙，爲波士頓之Newsletter，一七〇四年出版。一七七四年，美國有報紙三十一種。文學家佛蘭克林所主編之本薛文尼雜誌，嗣改爲今之星期六夕郵報，此其進展之跡，爲人所共知者。

華報之濫觴　以言我國之報業，則發軔最早，遠在歐美各國之前。在商周之際，政府已設置專官，春秋二季，出巡列邦，採風問俗，歸而上諸太史。太史所掌，爲陳詩以觀民風，大抵今日所傳之詩歌，要亦當時新聞之流亞，王安石目春秋爲斷爛朝報　蓋亦有其意義也。上所記述，僅屬新聞之原則，至以當代政聞，刊佈民間，要在活版創行以後。考印刷之術，創於隋唐，唐詩話稱韓翃家居，一日，有人叩門賀曰：邸報制誥闕

京報封面

中國之官報，以邸報爲最古，初創於唐德宗時，邸報所載，爲朝廷政令，都中近事。宋明等代，亦有邸報，惟主管機關，迭有更易，及至清代，邸報之名廢止，始改爲京報。京報內容，約分爲三部：首部爲宮門抄，所載均宮庭之消息，若官吏之升黜，移調等等。第二部爲上諭。第三部爲奏摺，則官吏之呈文也。民國成立，京報之名，不復存在，改爲政府公報。此圖爲京報封面，承乏傳遞之責者，有各報房；若連陞報房，集文報房皆是。

申報

大清同治壬申三月二十三日

英國一千八百七十二年四月三十日

第一號

本館告白

八

申報創刊號

申報創刊於一八七二年四月三十日，係英人美查氏F.Major所主持。美查初來中國，以販茶爲生，某年虧累甚鉅，擬另營他業，其時美查之職員陳莘庚，以字林洋行在滬創刊上海新報，銷行甚暢，遂建議美查，創一報紙，並定名申報，蓋以其在滬發行也。至民國元年，史量才先生購得申報，戮力經營，發揚光大，二十餘年來，執中國報界之牛耳，匪倖致也。申報最初發行時，爲直行小報，用竹連紙一面印刷，其後始逐漸改革，形成最現代化之報紙。

人，中書進君，已除駕部郎中知制誥矣。邸報見於書册，此爲最早。其後蘇東坡詩云：坐觀邸報談迂叟，周密癸辛雜誌續集所記王火燒一則，亦有邸報既行之語，是知邸報之制，發軔於唐德宗時，距今已一千一百六十年矣。嗣後兩宋承之，惜當時撰輯情形，刊行期日，典册罕記，無所稽考，然其爲我國官報鼻祖，可斷言也。沿及元明，或稱邸抄，及至清代，遂有京報，民國以來，衍爲政府公報，綜上所言，自唐宋迄於遜清中葉，千有餘年，實爲官報時期。

現代之報紙 至於具有近代雛形之報紙發現，不過近百餘年間事。華文報紙，以一八一五年倫敦傳教會發行之「察世俗每月統計傳」爲最早，發行地在馬六甲，至在中國境內發刊者，以馬禮遜之東西洋每月統記傳，麥都思之選持撮要發行爲最先，同在嘉慶季年，惜不久俱廢。咸豐三年，遐邇貫珍刊於香港，七年六合叢談刊於上海，中外新報刊於甯波，同治季年，中西見聞錄刊於京師，皆每月一編，所載除中西要聞外，兼及科學，頗與今之雜誌相似。日報之刊，自咸豐八年（一八五八年）之香港中外新報始，未幾上海有字林新報，廣州有七日錄，香港有華字日報，循環日報，至同治十一年（一八七二年）而申報誕生。光緒十九年（一八九三年）新聞報始發行。申報爲英人美查所創辦，至光緒三十二年，始讓渡於華人，至新聞報雖由華商組織，但亦以西人丹福士與裴禮思經營之，股票大半份歸爲美人福開森所得，至民國二十年左右，悉數售於華人。綜觀以上所述，可知初期之華文報紙，泰半由西人經營之。至純粹爲我國資本由國人自行主持者，則自遜清末葉以至於民國初元，有上海之匯報，香港之循環日報，廣州之廣報等。待光緒廿一年中日戰爭之後，民氣澎湃，而民報之產生，更如雨後春筍，若強學會之中外記聞，強學報，均先後在上海北京出版。其後馳譽當世之時務報，時務日報，蘇報，時報，神州日報，時事新報等，均於此時發行，惟以經營未得其法，或另因他故，後先停業，至今猶能維持其生命者，僅香港之循環日報與上海之時報而已。於此吾人有不得不深切注意者，即自辛亥革命以至於國民軍北伐，此一階段中，報紙之致力於國事而卓著懋績者，爲倡導革命，討伐袁世凱，各地報紙，此仆彼繼，民氣激昂，達於極點，報紙之力量，於此時蓋已盡發揮之能事矣。

第三節　近代報業概述

本書之所謂近代報業者，係指最近十餘年而言。此十餘年來，自民國十七年（一九二八）國民軍統一中國後，政治漸上軌道，報紙亦日益發達，而外侮日亟，亦爲國家最困苦之時期。報業處此環境之下，尤能步調一致，有一共同之標的，故就精神方面言，發揮民族意識，爲報人之唯一使命；卽今日之中日戰局，亦莫非此種意識所激盪而成者也。吾人欲論近代之報業，不應於數量上或形式上加以研究，似宜就一般的狀況，作事實上之敷陳：

讀者智識增高　在前之十年中，報紙所登載之消息，所發表之輿論，讀者或未能作相當之辨別，以爲報紙所云，均屬確當可靠，換言之，卽一般人之心理，報紙得從而左右之，吾之此言，並非指讀者盡皆可欺，吾蓋指大多數讀者，對於報紙之認識，或未能如今日之清楚也。至於最近之十年，則社會組織日繁，讀者智識日高，非特常識比較豐富，抑且對於每一事件之是非利害，能作相當之判斷，似不因報紙之論調而能更變其主張。試以十年前報紙之內容，與今日之報紙，作一比較，即可知之。更有進者，報紙之廣告，在若干年前，商人未能善為利用，但今日之商人，均知欲謀商業發展，非從廣告着手不可，而讀者亦能明瞭廣告之作用，故讀者智識增高，報業亦隨之進展焉。

報紙內容改進　報紙之具有時代性，前已言之。報紙既以時代為轉移，則其內容亦不得不隨時代以共相進展。前之十年，國內交通，未臻發達，消息傳遞，尚屬濡滯，故新聞來源，不甚豐富，報紙內容，自亦無若何精彩。後之十年，政府注意建設，對於新聞事業有莫大之裨益，若無線電報，長途電話，以及航空事業，均進步甚速，因交通迅捷之故，新聞傳達之速，乃亦逾於往昔。向之通訊稿件，自平津寄滬，非三日不能到達者，今可朝發夕至矣，向之偶發事件，非隔日不能報告者，今可臨時利用長途電話矣。

此外國際動態，國人未加注意，今則長篇累幅，盡爲歐洲動盪之政局，其他改進之事，尤不遑枚舉。

地方報紙發達　昔者中國之新聞事業，每以上海爲中心，平津及港粵次之。彼時交通既比較濡滯，報紙寄遞，非隔若干時日，不能寓目，甚之邊遠之區，有遲至數月始得見上海之報紙者。自無線電播音之作用興，各地只須備收音機一具，即可聆悉本日之重大事件，而中央廣播電台之電力强大，尤能盡播傳消息之能事。中央通訊社自創立以來，各省都設分社，互通消息，尤稱敏捷，於是各地方之報紙，曩只注意市井瑣聞者，今亦揭布國家之政聞，世界之大事矣。地方報紙，既日趨發達，民衆之對於新聞事業，興趣益覺濃厚，此誠國家之好現象也。

目標漸歸一致　於此尤有一事不容吾人之忽視者，即報紙之目標，已有一共同之水準，此共同水準者何，即發揮民族之意識是也。關於報紙之應具有民族化，吾前已言之。在昔各地報紙，以環境之不同，思想之互異，往往各自爲謀，未能於整個國家之立場上，多所致力。自國民政府定都南京後，知新聞事業關係國家前途基鉅，雖不願立時予以統制，然就大體上已確立一種政策。此項政策，亦未嘗強迫爲之，但政府與報人有不斷之聯絡，以國家利害所關之事，孰者應持愼重，孰者應伸正義，均隨時予報人以指導，故行之數年，已得一共同之目標，要言之，卽各地報紙均能於任何環境下，努力發揮民族之意識是也。

綜上所述，吾國報業之歷史，雖肇端久遠，然形成近代化之報紙，亦不過七八十年間事。於此時期中，統持於外人者若干年，在進化之過程中者又若干年，迄至最近之十餘年，無論在精神上或物質上，始均有長足之進展，要不得不謂爲報業之進步也。美國故新聞學者威廉氏Dr. Walter Williams有言曰：『形成現代之勢力凡三：一曰科學，二曰商業，三曰報業。科學之能力，可使相處窵遠之人類近如咫尺，可使四海之內，成爲一家，商業之能力，能調劑各地出產之盈虛，報業則能使世界人類之思想，互相交換。苟商業與科學而無報紙爲之宣揚，則思想無從交換，科學與商業，俱不能發達，而世界大同之目的，亦難實現。」

吾人試將威廉氏之言，細加翫味，則其中確有至理在焉。報紙能使世界人類之思想，互相交換，吾意匪特科學與商業藉報紙之作用而爲宣揚，卽世界任何一切事態，殆莫不可以報紙爲轉移，報紙殆爲現代勢力中之最有權威者。

第二章　內容之充實

第一節　評論與專論

評論爲報紙之靈魂，報紙爲社會之公器，故評論者，直接所以代表報紙，間接亦所以代表一般之輿論也。報紙之對於社評，非常重視，通常一報紙之社評，多由總主筆任之，不容假手於他人，其所以名曰社評者，蓋示其有別於他種評論也。十餘年前，各地報紙，多列具評論三四則，在電訊之前者曰社評，或曰時評，專論國家之大事，在國內新聞之後者，則論各地之事，在當地新聞之後者，則又論本城之事，於是一紙一評，視成慣例。編輯者於工作完畢之後，搖筆苦思，寫一短文，有時寥寥數言，無一是處，不過勉爲塞責而已。其後讀者智識日高，報紙亦自覺多評之無益，於是只留一評。近年以來，世變日亟，社會之希望於報紙評論者，亦至殷切，各報採取評論之方法，復屢求精進，其中經過，有可得而言者：

評論作風改變　在昔之寫作評論者，其範圍類多限一隅之見，未能影響於社會，而對於國家政治之指摘，或以環境關係，或以報紙立場關係，均若未發揮，此種情形，以首都所在之北平爲最甚。自國民政府成立於南京後，北方報業，已失其重心，上海與南京之報紙，頗能於評論方面，多所致力。除平時評論之事件，各報仍循其曩日之宗旨外，遇有重大事變，各報當局，或且作一度之討論，求一共同之出發點，於是敷陳得失，論調一致，其結果影響於全國或國際間者，效力甚大，此可謂爲評論作風之改變。此外，各報評論所採取之材料，其作風亦稍異於往昔，類多就其遠者大者，如國家政治制度之更替，各種建設之得失，社會風尙之良窳，外交政策之研討，均能就民族立場，作詳密解剖，讀者細加翫味，亦甚以爲言之確當。各報復羅致才情卓越之士，主持評論撰述，甚或添設評論專頁，一日之間，揭布長論三四篇者，此種現象，不得不謂爲報紙進步之一端也。

特約專家撰文　除以上所述外，各報復延攬專家，撰述論文，蓋以報社之記者，雖常識豐富，善於判斷，然偶遇專門問題，則學識或有不逮，斷未可以不知爲知，妄加評述，以自誤誤報，抑且誤無數之讀者者也。此項專家，類多每周撰文一篇，納入『星期論文』欄內。社會間繁複問題，層出不窮，報紙亦隨時就此繁複問題，由專家從而解釋之，糾正之，如國家幣制之改革，民衆惶惶然不可終日，則由經濟專家推闡其利害得失，而金融之騷動以平。又如非常時期之一般準備，若工廠之應如何遷移內地，食糧之應如何盈虛調劑，空襲之應如何從事防避，民衆之應如何從事組織，均由若干專家各就所知，於報中披陳其意見，以爲大衆之一助。凡上所述，可以知各報延攬專家之目的，蓋亦爲應付需要而設也。

第二節　電訊之增加

報紙消息之來源，以電訊爲最可貴，蓋以其來自各地，用最高之代價，迅速傳遞頃刻發生之事件也。我國報紙，向鮮注意於電訊，但以經費所限，未能於各地普遍佈置，惟最近十年，始大爲擴展。同時各報亦多注意於國際電訊，舉凡世界各地所發生之大事，經外國通訊社之傳遞，莫不盡量揭載，於是國人視綫，始移於國境之外，亦知國際動態，固無往而不影響於中國之局勢也。

國內電訊　往者各報電訊，只限於少數之重要城市，其中尤以北平之電報爲最要，蓋北平爲政治發源地，政令之頒布，人物之登庸，在在爲國人視綫所集，故各報應此需要，北平電訊，露布獨多。次若華南港粵一帶，亦無日無之，惟僅數電而已，至於其他省會，不過酌備快訊，傳遞簡明新聞，示其所以異於普通之地方通訊也。近年以來，國家交通建設，進步甚速，在在均予報業以莫大之便利，若無線電報，長途電話其最著者。茲以京滬兩地言之，自長途電話告成，各報多於每夜規定時間，於電話中傳遞當日消息，其功用較之由電報局傳遞，尤爲敏捷，且費用亦復較省。至於無線電報，則有時有綫電偶受阻滯，無線電可以暢達一切。各報因交通方法進展，故得於各大城市添設記者，而電訊之來源，遂日以增加。此外，中央通訊社成立，於國內遍置通信網，分送各報，亦爲增加電訊材料之重要因素。中央社以官辦關係，與各地當局，多所接觸，故所佈消息，亦較爲詳盡。尤有一事，爲吾人所不可不注意者，即素著聲譽之大報，每於某一地方將發生重大事變時，多於臨時佈置，派遣記者，先至其地，採訪最近消息，以電報傳達，而讀者亦渴欲知之。蓋事變一旦發生，或且無法採訪新聞也。

國際電訊 前之十年，國際消息，匪特國人不加注意，即報紙本身，亦未嘗予以重視。其時所有之國外電訊，惟英人所辦之路透電報，每夜譯述十餘則，或爲中國之事，或爲歐美之事，編者不加分別，一律冠以題曰「路透電消息」，且所佔之地位，殊不重要，讀者自亦不感相當之趣味。自華府會議開幕後，國人鑒於國際局勢之重要，方嚴切注意世界之事，於是各報乃又因社會之需要，儘量刊載國際之電訊。此後各國新聞競爭，愈益劇烈，除英之路透社在中國有悠久之歷史外，他若法之哈瓦斯社，美之美聯社，蘇聯之塔斯社，日本之同盟社，均於最近十年來，在中國努力發展其通信網，且有與中國政府作密切之合作者。世界各國之重要消息，一夕之中，傳自各地，編者案頭，堆積盈尺，報紙復以國際消息之重要也，更爲擴張篇幅，列入顯著之地位，自是國際電訊，始成爲報紙材料最重要之一部。茲以近事言之，當中日戰事初起時，英大使許閣森自京來滬途中，忽遭日機射擊，消息所播，舉世震驚，未至午夜，歐美各國之言論，均自各電訊社傳來，連篇累幅，不暇卒讀，而各國當局之態度，亦流露於字裏行間。論國際電訊之發展，乃爲近十年間之事。

第三節　要聞與通訊

報紙之內容，以電訊爲最重要，固矣。其他要聞與通訊，亦佔相當之篇幅，良以其時之電訊，多略而未詳，故訪員於拍發電報後，更寫一詳明之新聞，遞寄報社，以補電訊之未盡。此外各地重要事件發生，而其新聞價值不足以拍發電訊者，亦由訪員以通訊方法報告之。以中國地域之廣，報社勢難遍設訪員，更利用各地之報紙，以迅速方法，寄遞到社，爲編輯者擇其較爲重要之消息，略事删改，卽予轉載。因是之故，全國各報，莫不以此方法互相轉載，而新聞乃不虞匱乏。近年以來，交通進步，新聞傳遞，務求敏捷，剪報轉載之事，已不復爲編輯者所樂爲矣。往昔報紙之所謂要聞者，係別於電訊而言，其實要聞與通訊，又可分爲若干性質，近年改進情形，茲分述之：

所謂要聞　要聞之性質，其估量恆視電報爲低，惟紀述則比較詳盡。我國報紙，每以地方之重要與否而定新聞之價值，譬之各省省會所發生之事，多列之於顯著之地位，其意蓋以大城市所發生之新聞，似較爲一般人所注意也。此項要聞之來源，非採自前述之剪報外，卽來自報社僱用之訪員；而此輩訪員，同時兼職數報，故所遞消息，不能爲一報所獨有，讀者自不感若何深切之興趣。近年以來，剪報之習慣，已漸歸淘汰；而傳遞要聞之方法，又視前進步，其原因有三：（一）中央通訊社感於新聞之重要，不容遲滯，凡重要之消息，或政府公表之文字，均即日傳佈，無論長約數萬言之新聞，亦均用電報遞送，故各報以要聞篇幅專載電訊，而次要之新聞，乃擯棄不用。且長電報之內容，即昔日所謂要聞之材料，事實上長電報已取要聞而代之。（二）除長電報以外，因航空事業進展，較遠之地，報告消息，多朝發夕至，最遲亦必隔日到達，各報訪員，率多利用航信，各地報紙互獲之新聞，且可於同日揭載。（三）長途電話暢通以後，當日發生之事，即可於午夜向報社報告，或口述編寫之新聞，或朗誦譯成之電碼，報社於收得此種消息後，恆估量其價值之重輕，列入電訊，或編爲要聞。

地方通訊　除上述之要聞外，各報又有各地方之簡短通訊，其作用似爲推廣銷路之一助，蓋此項地方通訊，各報只注意報紙所在地之鄰近數縣，此鄰近數縣之社會，如得見本地之新聞，必有若干之好感，或須訂閱報紙，而報紙之勢力，可侵入鄉僻之區。此種辦法，非特京滬之報業如此，即華北之平津，華南之港粵，亦莫不如是。惟各報對於此種通訊，既力求簡短，關於新聞之價值，多未加注意，故縱有極重要之消息，亦未必予以鋪張，意或以爲地方旣小；而新聞自亦無任何之價值者。但近年以來，各報見解，稍異於昔，如有較重大之事件，亦多以顯著之標題，排入較佳地位，以引起讀者之注意焉。

特約通訊　在大體上言之，特約通訊之性質與來源，與要聞似無二致，然要聞爲各報所共有，未可增加讀者之興味，特約通訊則不然，蓋專爲一報而作也。担任特約通訊之記者，其地位與見識，每較普通訪員爲高，於敍述某一事件之際，必可瞭然於其過去，復可窺測其未來，往者如政局之變化，人物之更替，此輩特約記者，可於事件未發動之先，報告其聞見，以爲未來之覘驗，大有夫人不言，言必有中之概。各報如有一二良好特約通訊，卽可增高其報紙之身價，而爲之記者者，亦多行文雋雅，卓爾不羣之士。又此種特約通訊，不特於國內有之，卽於歐美各國，亦延攬各大學之學生任之，所採取之材料，初不限於時事，若宗教，科學，與夫社會一般的動態，尤爲讀者所歡迎者也。此外，我國近年建設，有長足之進展，公路之完成，鐵道之通車，各報亦多派遣記者，實地考察，以沿途聞見，作繼續之報道，復附以圖景，互相印證，讀者尤感興會，此卽所謂旅行通訊，邇來盛行於各報者。

第四節 當地之消息

所謂當地消息者，卽本埠新聞之謂也。各報注意當地之消息，其重要尤過於要聞，蓋以當地之事，是否翔實，當地之人莫不知之，偶或不實，立時可失去若干人之信仰。關於當地消息之來源與進展狀況，可分述之如次：

包羅甚廣 當地新聞，雖以本地發生之事件爲限，然試研究其性質，則包羅至廣。惟此所指者，並非地方性質之小型報紙，乃指大城市之報紙而言；蓋地方報紙，範圍較小，所載無非市井瑣聞，而大城市則社會組織複雜，人口衆多，一日之間，形形色色，莫非新聞之資料也。茲以上海市之報紙而言，本市新聞，有多至四五版者，舉凡政治，金融，集會，商業，航業以及人物動態，盜匪刦掠等，莫不爲本市新聞之材料，故範圍至廣。

普通訪員　各報社之普通訪員，所送訪稿，完全一致，造成各報新聞相同不求改善之現狀，言之至爲可慨。此輩普通訪員，以在法院，警務機關以及各團體者爲最佔勢力，蓋此等場所，雖不拒絕一般記者之採訪，然內中一切眞相，要以普通訪員因歷史關係所得較詳也。至普通訪員之寫稿，已有一貫之作風，往往極有精彩之事，寫作平淡無奇，絕少興會，又或無聊之訟案，專事舖張，別具用意，凡此種種，爲編輯者非善加抉擇，必受愚弄無疑。在報社方面，如不採用此種新聞，似缺少消息，倘儘量刊布，又與社會何補，故善爲處理者，必於新聞詞句之間，勤爲修改，務期做到『新聞爲我所估量，我不爲新聞所利用』之主旨也。此十年中，上海報紙有一極不良之風尙，即各報竭力提倡所謂『社會新聞』，以取悅於智識淺薄之人士，凡男女之事，有妨害善良風俗者，靡不刻畫入微，大字揭載，而於最猥褻之詞句，尤排比爽朗，引人注意。此等現象，一報倡之於先，他報繼之於後，甚至其他城市之報紙，亦競相仿效，爲害之烈，眞不可勝言，揆之新聞原則，實屬有傷報格，最近數年來，經當局之取締，讀者之責難，此風稍戢，但尙有一二報紙，以倡導社會新聞爲推廣銷路之方法，是其用心眞不可究詰矣。數年以前，作者曾主張招集本市普通訪員，予以短期間之訓練，使其對於報人之職責，有相當之瞭解，採訪與寫作之技術，作切實之改進，此意頗得一般人之同情，惜以世事日亟，終於未及實現也。

各通訊社　普通訪員而外，各通訊社之送稿，亦爲各報當地消息來源之一。通訊社除中央通訊社爲國家機關外，其他所設立者，莫不有若干之背景，雖不盡以政治爲立場，但各具有相當之依賴，蓋通訊社之設，範圍廣狹，資金厚薄，初非重要，最感迫切者，爲新聞之獨有，如是方可取勝於同業，維持於永久，而爲報社所重視也。吾所謂通訊社之依賴者，乃指通訊社必須依恃一二機關或少數法團，供給其材料，而此項材料，例不得爲其他同業所有，於是此通訊社之稿件，方得爲各報所採用。惟各通訊社之消息，有時亦共趨一途，如當地發生一重大事件，各派記者，前往採訪，但記者之材具與能力，高下不齊，故所寫之新聞，亦優劣相差綦鉅，報社具有抉擇之權，比較之下，自以事實詳盡，文字簡練之稿件入選，於是通訊社地位之高下判焉。通訊社近年來亦力謀進步，競爭甚烈，大抵主持者，爲新聞事業而謀生存，隨時能與時代並進，則鮮有不卓著成績者。

特寫專訪　普通訪員與通訊社之消息，既普遍供給各報，其最不良之結果，厥爲各報新聞完全一律，除各報自撰標題外，竟無一字不相雷同，此其影響，殊足令讀者厭倦。各報有鑒於此，爲獨創一格，力謀競爭計，近年特寫稿件，盛行一時。所謂特寫之稿，其格調近於文藝作品，生動而多興趣，雖亦以有時間性之稿件爲貴，但因範圍較廣，尋覓材料較易，故未必盡注意於時間性，要以最近發生之事物，曲折寫來，自易引起讀者之欣賞也。譬之有一世界旅行家抵埠，吾人訪問之際，應叩以奇突之問題，如遇猛獸若干次，絕食若干次，途中有無其他之喜劇，若一一寫記，必可引人入勝。特寫而外，又有所專訪之稿件，自表面觀之，特寫與專訪，實二而一者也，殊無從得其區別之所在，然細加研究，則特寫之稿，近於文藝，而專訪之稿，應絕對爲新聞體裁。假定一政治機關有重要集會，普通報社所得之新聞，爲公表之消息，惟某報記者能設法列席，親歷其境，於是將各人之言論，議決之經過，與夫未來之感想，詳爲報道，此乃獨有之新聞，可謂爲專訪者也。此種稿件，如報社外勤記者爲篤學敏思之士，隨時察視，則俯拾卽是，並無若何困難，以言其例，誠舉不勝舉。

第五節　述各種附刊

報紙除上述之內容外，復有若干種附刊，以增加讀者之興趣，蓋以電訊，要聞以及當地之消息，有時或感枯澀，爲調劑讀者之精神計，設一副刊，或述家庭之常識，或寫趣味之瑣聞，性質不同，種類互異，要之均以合乎讀者之興味爲標準也。玆述各種附刊如

第二萬號之申報

申報發行至民國十七年十一月十九日，適逢二萬號紀念，該報同人除輯特刊外，並舉行慶祝。是日該報之本埠新聞中，載一消息，紀述其事，其言曰：本報出版以來，今日適滿二萬號，本館同人爲紀念起見，特在大門上以青白紅三色電燈扎成「申報二萬號紀念」字樣。窗上徧懸黨國小旗，自大門沿梯而上，二層樓三層樓陽臺上各排列鮮豔菊花無數。昨夜電炬齊明，頗引起行人之注意。今日除出特刊外，中午全體同人，齊集四馬路杏花樓聚餐，並有種種游藝，藉助餘興而申慶祝云。

申報圖畫週刊第一號〔民國十九年五月十八日出版〕

左：

屬於文藝性質者　往者報紙之副刊，只有一種，什九偏於文藝，其內容有神怪之筆記，杜撰之故事，詩詞若干首，小說一二則，尤以狀述男女之事爲上，讀者彼時果有此種嗜好，而報紙之備此附刊，亦僅求讀者得此，聊以消遣而已。其後白話文風靡一時，寫作風趣，亦大異於昔，文藝附刊之性質，乃爲之一變，其時且成爲若干派別，互相攻詰，茲不具論。以作者個人之意見言之，則此種文藝性質之附刊，其所採取之材料，應以有新聞性質之趣味爲貴，譬之滬市戰事爆發，社會間一切事件，俱受影響，主持此項附刊者，如能隨時調查細小事件，而以生動之格調寫出，則必受讀者之歡迎無疑也。近十餘年中，各地報紙之附刊，因環境關係，大抵均能隨時代進展，倡導民族意識，非復昔日之風花雪月，一味以麻醉讀者心理爲能事矣。

本埠方面之附刊　中國報紙之銷路，往往遍於全國，與歐美各國之報紙，絕不相同，此蓋以中國報業，究未特殊發展，內地報紙，材料缺乏，未足以饜讀者之慾望，勢不得不訂購大城市之報紙，以增見聞。至歐美各國之報紙，其銷路大抵限於一個城市，譬之紐約時報 New York Times 與倫敦時報 London Times，銷路雖有數千萬份，然其範圍或以紐約倫敦爲限，因其他城市，均有完美之報，無待他求，決未能如中國報紙之銷行全國也。因此之故，中國報紙，爲增加廣告計，遂增設一種本埠附刊，所收廣告刊費，較爲低廉，而其銷路，亦以本埠爲限。本埠附刊之廣告，其效力只及於一地，故文字方面之材料，亦專論當地之事，如戲劇，電影，音樂，舞蹈，商店消息以及其他一切無關外埠之瑣事，均歸於此刊。此種附刊，以上海之申報首創於先，各地亦多有仿行之者。

新聞畫報之創刊　傳遞新聞之方法，初不限於文字，若以圖畫報告消息，所謂 News telling by picture 者，則無論識字與否，均可一目瞭然，故電影稱爲教育之工具，收效獨大也。歐美各大報社例於每星期日發行新聞畫報一種，隨報附贈，例不增值，故星期日報紙之銷路，視平日爲獨暢。畫報之取材，以時事爲中心，凡有新聞價值之圖片，最稱上選。上海申報，鑒於畫報之重要，於民國十九年，亦於每星期日增刊畫報一種，印刷精美，取材至有價值，一時華北華南之大報，相率仿行，甚獲讀者之讚許。嗣以政局變化，收入銳減，而書報之費用，又極昂貴，乃半途而廢。申報雖曾一度復刊，但以經費所限，內容究不若前者之充實，言之滋可惜也。

其他各種之附刊 報紙應時代之需求，附刊之設，亦時興時廢，種類繁賾，不遑枚舉。就作者之所知，有婦女，兒童，醫藥，家庭，汽車，無綫電，舞蹈以及食品等等，往往隨廣告為轉移，凡廣告收入，足敷刊行之成本者，卽隨時編行，雖不專以營業為目的，然每一種附刊之創設，必相機招致若干廣告，否則殊難持久也。此外，又有每周大事增刊，其目的卽以一週間國內外政治之動態，作有系統之敍述，使讀者得一簡明觀念，若申報往者之星期增刊，最近以單行本附送之週刊，卽其例也。又或應時令之需求，發行短期附刊，若春游，消夏等特刊等皆是。

最近十餘年中，中國各地之報紙，皆能於內容方面，作不斷的改進，以上所述，不過舉其犖犖大者，間嘗偶加研討，竊以國家政治，纔上軌道，各種建設，百端待舉，報業與任何事業，皆有相聯之關係，故於國家進步之過程中，亦隨之俱進，此實無可疑義者。近頃國家遭空前之外患，故新聞事業，亦横受摧殘，復興之期望，固各具信念，然加倍努力，是則有待於從事報業者也。

第三章 編輯之改進

第一節 編輯程序

吾人逐日取讀報紙，研究其內容，則表面所呈示者，文字異常簡單，結構亦未嘗曲折，淺見之士，以爲報紙編輯，人盡可爲，只須文字暢通，腦經清晰足矣，殊不知新聞原稿，異常蕪雜，取捨之間，煞費考慮，輕重之別，有待權衡，此種工作，似非全憑學識即可濟事，必須累積若干年月，獲得經驗，方足應付裕如。以言編輯程序，手續亦至繁瑣，能多加功夫，則所得結果，自亦較佳。玆將年來我國報社編輯改進之情狀，分別言之：

原稿之整理 報社編輯，除擔任附刊之輯務者，所得材料，時間性較少，可從容工作外，其他若電訊，要聞以及本市之編輯，均以新聞稿件，源源而來，分別處理，在規定時間以內，絕無片刻之暇，腦經亦隨之變換，故初入報社工作者，必感極大困苦，直不知從何處着手也。其實善於編輯者，於伏案之際，初弗握管尋思，必先將各種原稿略加翻閱，擇其事實相同者，歸併一處，絕對不可用者，立即拋棄，或以初稿猶待證 者，暫置案頭；以待續稿之至，或以事態尚在進展者，則亦暫爲保存，以供參攷。原稿經過一度整理後，胸中已有若干輪廓，於是孰者爲最要之事，孰者爲次要之事，可逐件支配，分別工作。電訊如是，要聞與本市之新聞，亦莫不如是。

估量與判斷　當披閱一稿時，切忌有主觀觀念，應立於第三者地位，一若編輯者即爲報紙之讀者然。此項新聞，是否有利於公衆，是否引起讀者之興趣，均爲刊布之先決問題。然於估量此先決問題時，應知注意三點：第一爲眞與僞，一新聞之內容，初視之未嘗不有濃厚之興味也，但細爲研察之下，則情節過於離奇，或竟爲事實所不許，於是發生眞與僞之問題焉，蓋新聞爲社會人生之縮影，過於迷離恍忽者，爲人所弗信，譬之天文家預測風暴之將至，人所共信也，若言地球必於某日某時與太陽相撞，人縱不敢決其必無，然何能武斷其必有耶？故眞與僞之間，出入甚鉅，不可不下切實之判斷。第二爲大與小，或有若干細小之事焉，訪員之工於舖張者，能小事化大，聳動視聽，某處於午夜忽告火警，燬屋若干椽，死者若干人，此爲事實，乃訪員故甚其說，以小報大，以少報多，初讀其稿，似可促起讀者注意，然再一考慮，則起火之處，並無危險物品，起火之時，亦未有暴風，甚至消防員亦於火發後瞬息即至，故肇災當不至如是嚴重，此時之編者，即有派人實地勘視之必要，以明究竟。又或兩敵對國交綏於某處，雙方死傷若干人，若謂我方犧牲慘烈，不下二三千人，而彼方則死五十人，傷二十人，此數目上之大小也，編者得此電訊，必認爲可笑，即無刊佈之價值。第三爲利與弊，一新聞刊布，固求其爲大衆所注意，同時亦須顧慮登出後之利與弊問題，蓋新聞在披讀之際，即應顧及登出後之影響，如攻擊個人之陰私，於讀者初無所利，而被攻擊者則絕對受其妨害，故無意識之社會新聞，當即予以擯棄，勿庸遲疑者也。又若此次戰事，關於我軍之番號、佈防之陣地，前線長官之行動，以及輜重運輸之情狀，雖爲一般讀者所極關切之事，然報紙決不能稍有疏忽，慢予披露，因一經揭載，必爲對方所乘，我軍將蒙極大之不利也。以上所述三點，爲編輯新聞時最宜注意之關鍵，取捨之間，得失甚大，若能以豐富之經驗，冷靜之頭腦，先加以估量而後下一判斷，則無論何種新聞，經過此種功夫，或可爲讀者所需要乎！

修改與製題　新聞原稿，於考慮之際，同時卽須加以修改，其文字之欠通者潤飾之，意義之晦澀者更易之，詞句之有害者删削之，體例之不合者改正之，凡此種種，均爲闆稿必經之手續。全篇之情節，既已明瞭，卽應把握其中心點，製一標題；標題者，新聞之靈魂也，若標題製作不佳，則縱有極佳之材料，亦將黯然無色，標題之重要，將於下節另述之。大抵普通訪員，於供給稿件時，多不自作標題，文字亦至草率，必經過編者之琢磨，始可交付排印。通訊社之稿件，較優於訪員，凡編輯應具之工作，通訊社無不代爲之，標題之長短，固合乎報紙之款式，卽新聞之句讀，亦油印淸晰，編者獲此稿件，匆匆翻閱，卽可畢事。惟優良之編者，每不以通訊社之工作爲滿足，苟時間所許，必恣意修改，易其標題，至合於標準之程度而後止。

綜合之編輯　我國報社之編輯新聞也，往者多分爲若干部份，若者爲電訊，若者爲國際，若者爲要聞，若者爲本市，各有主持之人，界限判然，不容牽混。近年以來，始覺此種辦法之不合理，亦稍稍變更矣。試舉一例以明之，救國公債與國防公債之募集，各地人士，紛起認購，異常踴躍，消息傳播，凡電訊，要聞以及本市，莫不有同樣之消息，若分別刊布，於編者固無所不可，但於讀者，則殊不經濟。又若德之併奧，全世界各地之德人，均於同日投選舉票，卽上海之德僑亦於德國學校爲之，倘此項同一消息或見於國際電訊，或見於本市消息，在讀者殊未感覺其有趣，若綜合編輯，刊於一處，似較爲合理，而且足以增加新聞之刺戟也。

精編之提倡　報紙之篇幅有限，新聞之來源無窮，若一一照原稿儘量揭載，則又焉能容納許多之消息耶？故精編之提倡，乃盛行於各報。所謂精編者，係酌量新聞之篇幅，按照來稿之多寡而善爲支配者也。凡新聞之最重要者，刊布不厭其詳，無庸予以删削。至若公會紀事，宣言通電，無關宏旨者，則宜採精編辦法，量爲減短，務使擯除無用之字句，只保留其精華；而又不失其新聞價值，以達到精編中之「精」字。又若性質相同之新聞，宜彙列一處，冠以總題，在形式上固可免於支離零落，而於讀者感覺上，尤有集中思想之益處也。

第二節　標題研究

編輯者之工作，固在估量新聞之價值，修正文字之瑕疵，然此項程序，或尚不艱鉅，其最爲重要而又極不易爲者，厥爲標題之製作。披讀新聞，數分鐘卽可畢事，構思標題，所費之時間，或且數倍於是。標題爲新聞之靈魂，寥寥數字，可以概括全篇之結構，若標題製作，未能中式，新聞之內容，無論如何精彩，終不能表現於外。反之，新聞之內容，或未必有若何之意味，而有引人入勝之標題，足以補救，則此項新聞可立時吸引讀者之注意，標題之關係重大也如是。往者報社編輯，對於製作標題，多極籠統，未能擷其精華，而新聞原稿之優美者，必須讀者細加尋索，始發現其趣味，故欲於最短之時間內，取閱報紙，獲知大概，殊非易事。近年各報咸知標題之重要性，用字方法，競相揣摩，排列款式，煥然一新，而報紙精神，亦爲之一振。茲就作者個人研究所得，竊以標題用字，須有氣韻，或如詩家之作詩然，分舉數例，用供探討：

魄力之標題 以此次中日戰事爲例，各報俱以戰事消息，列爲首要新聞，一日之間，各路接觸，無慮數十次，除編列若干段，分別冠以標題外，而各路戰況之上，復備一提要，具述一日間整個戰事之形勢，提要之前，則須作一總標題，包括一切。此項總標題，寥寥不足十字，雖有副題與小標題爲之輔助，然最關切要者，仍爲此不足十字之總題。作此總題時，必須鳥瞰戰事全局，字眼須具有魄力，一如總帥命令三軍，聲威所播，遐邇翕然也者。若戰局而獲勝利，總標題宜如何表示聞勝勿驕，再接再厲之意，不幸而失利，則作總標題時，應有敗亦不餒，勇往直前之作用。且當此時也，標題用字，極堪研究，要以具有魄力，更寓鼓勵之意義爲上。更如國家重大事件，若頒布憲法，對外宣戰，或國會開會等之新聞，均宜以具有魄力之標題，昭示讀者，始足以顯示崇高之意志；而激發公衆愛國之情緒焉。

活潑之標題　標題製作之得當與否，雖以編者之聰明材力爲轉移，然亦全恃新聞之內容爲標準。例如羅馬電訊，謂義大利一旦宣戰，墨索里尼可於三日內調動大軍二百萬人，並以戰鬬機三千架遮蔽歐洲之天空，使之暗無天日。當戰號大鳴之時，舉凡義大利之人民，莫不自知其職責，凡爲體格健全，服務於公共運輸機關之男子，均須從軍，而由婦女代其職位。陸軍之後備員，將自理髮室，工廠及商店中源源而出。婦女事實上將接管義大利之工商兩業。墨索里尼將以極神速之手段，將七百萬人加以武裝，並有十五萬噸之戰艦，駛入地中海，行駛殲滅之使命。遨遊義大利之旅客，均謂義大利全國皆有良好之公路及鐵道，其中多有雙軌者，多依時行駛，此等便利之交通計劃，並非全爲旅客而設，軍隊亦可沿公路及鐵道迅速進行。以上所言，似爲義大利之示威宣傳，亦但可謂爲歐洲局勢嚴重之明徵，根據此段消息之內容，可用各種方法製作標題。吾人試仔細研究其事實，則亦不過示威而已，故定此標題，不宜作肯定之詞句，應以活潑之姿態，作疑問之口吻，以『義大利好戰乎示威乎』字了之。

合理之標題　所謂合理之標題者，實最平凡之標題也。倘新聞之內容，異常明瞭而有條理，則宜順其自然，作一合理之標題，如故爲矜奇炫異，立一浮泛之題，讀者雖偶被吸引，但事後必表示厭惡，以爲編者有意作欺人之舉也。如舉世所關心之中日和平問題，有電訊兩則，謂英法大使準備向中日雙方斡旋和平，惟此項消息，得自傳聞，尚未證實。編者獲此電訊，自應以『英法大使斡旋和平之傳說』爲標題，若有意標奇立異而曰『中日和平有望』，非但不合原理，抑且出入甚鉅。又如某實業家準備以鉅資設一國際貿易公司，擬就宣言與章則，送之報社，希望登載，無論其計畫若何偉大，組織若何完密，在未正式成立之前，僅屬紙上空談而已，擬定標題，只須表明某實業家開辦貿易公司之計畫，如逕以某實業家創辦貿易公司爲題旨，是亦不合理也。

刺戟之標題　含有刺戟性之標題，其製作方法，亦須視新聞之內容爲定。茲以一事爲言，中國婦女所用之脂粉，多來自歐美，年耗鉅資，國人未加注意，一旦新聞記者從海關調查，稔知上海一地，年耗脂粉費凡數百萬元。若以『上海婦女年耗脂粉百萬金』爲題，讀者必表示驚訝而知有所警惕。再如某處大火，燬屋數百椽，灼斃數十人，無家可歸者千餘人，災况之烈，前所未有，編者獲此消息，亦可用刺戟性之標題，以促讀者之注意。

提要之標題　今有一普通之新聞，自大體觀之，並無特殊之處，惟其中有一二重要之點，足以引起大衆之注意，則編者卽應提此要點，作爲標題。譬如行政院開會，報告事項若干案，討論事項又若干案，均爲普通例案，惟其中有一改組某省省政府之案焉，於是卽以『行政院改組某省省政府』爲題，此一例也。他若某重要團體開會，討論提案若干件，僅以救濟難民一案爲最切要，作題時不妨以救濟難民爲主題，此又一例也。

上所舉列，不過就普通習見者而言，未可視爲準繩，蓋標題製作，出神入化，全視天材，若強定標準，是削足就屨也。以作者個人經驗而言，除上述之魄力，活潑，合理，剌戟以及提要而外，其最要之條件，爲『切合』二字而已。

第三節　穿插圖景

優良之報紙，極力於新聞方面求其完美，固矣。近年之報紙，爲讀者增益興會計，更爲自身謀進步計，往往於穿插圖景方面，多所致力。印刷技術，日益進步，報紙受益，實非淺鮮，目前報紙所通　者，不外銅版與鋅版兩種，而圖影之區別，僅爲照片與繪圖二者，然其與新聞相互爲用之妙處，讀者當可領會，無俟詞費，歐美日本之報紙，幾無日不穿插圖影，中國報紙，今亦隨時刊布，較之以前，顯有進步，玆分爲三類言之：

地圖繪製　自戰事發生以來，吾人時於報紙中獲見兩軍形勢之地圖，區域之廣，山川之險，與夫進退之關係，均可與新聞互相印證，愈益明瞭。其實報紙刊佈地圖，不第於軍事時代爲之，卽在平素，亦可隨時繪製，以助讀者之思考。以作者過去之經驗，凡下此所述之事，俱得以地圖顯示新聞之特點。今有人焉，於途中忽遭橫禍，爲汽車所撞，關於肇禍之地位，車行之方向；與夫遭難者經行之路由，若繪具地圖，逐一指示，則愈增新聞之價值。又若重要人物，偶遇狙擊，無論其爲負傷或被害，讀報者多非常關懷，縱有行文明暢之記者，詳述其事，但肇事之情狀，或苦未像眞，倘於事後勘視其地，繪製圖表，於報紙刊佈之後，按圖索解，不愈於一篇記事消息耶！他如疆域劃界，道路建設，水旱災區等，有賴於地圖之闡明者，更指不勝屈。

新聞照片　報紙中刊布新聞照片，其作用有三：一爲提高新聞之價值，此指新聞中插入有關之照片而言也。二爲增加讀者興趣，此蓋謂某種照片，或來此國外，雖時日較久，但仍不失刊登之價值。三爲調劑篇幅枯燥，一頁報紙中，如盡刊新聞，自首至尾，均爲緊密之詞句，似失之枯燥，列入一二攝影，似足爲精神上之調劑。上所舉之三種作用，以第一種尤爲切要，任何新聞，如有機會，能排入相關之照片，則新聞本身之趣味，卽爲之提高，此毋待贅陳者也。至何項新聞須刊列照片，則可舉之例正多，玆亦不需詳述。惟中國報紙於選擇新聞照片之際，於製版大小及剪裁技術二者，苦未講求，故所獲結果，難達理想之境界。以言新聞照片之價値，旣如前述，若於製版時，將尺寸酌略放大，則報紙印成，亦自淸晰，惟守舊之編者，不明此旨，偻惜地位，甚於金錢，核定尺寸，異常渺小，匪特與整個之篇幅，不相調匀，甚至印入報紙，模糊一片，讀者未覺其有趣，且甚厭惡編者之不解事也。至照片剪裁之技術優劣，與製作標題，有異曲同工之妙，蓋新聞照片，係於極怱遽之時間爲之，欲謀攝影章法之成功，極屬不易，故應於剪裁方面，稍加硏究，以彌補其缺憾。乃普通編者，對於此道，往往忽視，於是照片中最有價値之中心點，遂湮沒不彰，而刊載照片之作用，亦爲減色矣。以上二者，改善極易，只須於編輯室中，僱用美術員生，略事硏究，卽可得當。

諷刺圖畫　歐美及日本之報紙，除新聞照片外，尤注意於時事之諷刺圖畫，日佔一欄，從未中輟，即以上海之字林西報而論，有 Sapajou 者，以諷刺畫馳譽當世，寥寥數筆，刻畫入微，而造意之佳，章法之妙，尤令讀者歎絕，今且成爲名家矣。中國報紙亦嘗致力於此，惟多爲連續之滑稽畫，描寫社會間低級趣味之事，似未盡諷刺畫之功能，殊可惜也。

第四節　版式革新

往者中國報紙之版式，每版大多分爲六欄，〔即六個 Column〕絕少變化，形式簡易，平淡無奇。欄數長短，既成規定，新聞排列，自極呆滯，未能表現活潑之姿態，而報紙封面，又盡載廣告，重要新聞，多載裏頁，此所謂英國報紙之成規也。最近十餘年來，同業競爭，異常劇烈，推陳出新，多所更革，對於營業及新聞二者固竭力圖謀改善，而版式改革，實爲報業近年進步之明徵，未可忽視。至報紙封面，亦多改登新聞，以求觸

The Flood of Blood

SAPAJOU之血流成河圖

上圖爲二十七年七月七日上海字林西報之插畫，是日正蘆溝橋事變之一週年也。圖之說明原爲"The Flood of Blood"即血流成河之意，一語雙關，造意深刻而慘痛。作畫者爲名畫家Sapajou氏。歐美大報，莫不重視插畫，逐日登載，影響讀者心理至鉅。中國各地之日報，對插畫猶未有深刻之意識，即偶爾揭載，亦不過以滑稽態度出之，蓋作畫不難，惟造意爲最難也。

報紙之改革式版

報紙版式，自改為十二批後，新聞排列，錯落有致，頓使平淡無味之格局，易為活潑有趣之姿態。

目，其格局宛似美國之報紙，但聲譽較盛之大報，因廣告登戶之要求，指定刊載封面地位，未能予以拒絕，尙不克盡以封面刊布新聞也。關於版式之革新，述其經過，亦有足資研究者：

欄數之更改　前此報紙每版分爲六欄，俗稱六批，每行字數，較爲冗長，讀者一目看去，易生倦意。其較短之新聞，猶易誦讀，冗長消息，一欄刊載不了，即移植第二欄，在形式上既不美觀，在新聞本身言之，大有隔離太遠，未能一氣貫注之感。此種版式，其最大之弊病，厥爲平淡無味，譬之作畫，江村烟樹，一望迷茫，每不爲人所喜悅，若稍具峯巒邱壑，便覺曲折有致，頓生欣賞之心。排版亦藝術也，格局之佳者，一如作畫，報紙分作六批，排列佈局，實不易取巧，而最有價値之新聞，絕未能表彰其特點，故欲謀改善，非廢除六批制度不可。上海各報有鑒於是，後先澈底改革，有易爲八批者，有易爲十二批者，於是新聞排列之方法，始有長短行之分。通常稱一批爲短行，至長行則有二批或三批以及四批之分，一以新聞價値，爲排列長短行之標準。自更改批數以來，新聞排列，錯落有致，頓使平淡無味之格局，易爲活潑有趣之姿態，不可不謂報業近年來之一大進步也。

長短行標題　版式既自六批改爲八批或十二批後，新聞排列，乃多自由發展之機會，整個版式，可以通盤籌劃，若者用短行標題，若者用長行標題，編者均須視新聞價值，佈置得當，蓋長行標題如排列過多，拼版時必不易周轉。且長行標題不宜濫用，應於極有價值之新聞前，置一長題，倘內容平泛之消息，亦加以長行標題，則爲日既久，讀者反不以長行標題之新聞爲可重視矣。更有進者，長行標題之新聞，在一版報紙中，宜分排四周相當地位，最忌後先相繼，聚長行標題於一處。最佳之格局，似宜於長行後排列若干則短行，務使全版局勢，得以均勻，故於拼版時　取舊報一張，劃成地位，審視是否得當，乃最妥善之方法也。除標題排列，可成長短行外，新聞亦有時排爲長行，「二批或三批長行，隨題目之長短爲轉移」惟以作者之經驗，排成長行之新聞，以簡短之消息，較爲美觀，抑且易於佈置。若長約數千言之消息，一律排爲長行格式，匪特無甚意義，在拼版，或且遭逢相當困難，蓋此種長約數千言長行新聞，非一欄地位所能容納，在移排第二欄時，必妨礙其他新聞，一若巨木橫置道中，令人無所適從也。故標題排爲長行，新聞排成短行，在拼版時，可以隨全版形勢，變化排列，或更動格式，有時或竟另易標題，亦較易着手，非若全篇新聞之皆爲長行，在寶貴時間中無法處置也。總之版式優美，在編輯方面，係一藝術問題，而在排字工友方面，乃須視其技巧是否熟練，各大報之排字工友，積若干年之經驗，均能於拼版時應付裕如，頗具巧思，其所獲之結果，有時爲編者深所贊美，甚至無絲毫瑕疵之可言也。

花邊與欄角　凡簡短之消息，具有興趣，但又未可作大字標題者，則加以花邊，以求觸目，即歐美報紙常用之Box也。花邊新聞，以寥寥數十字之短訊爲佳，且排成一批，較爲美觀，若兩批之新聞，亦加花邊，非特於拼版時或虞障礙，即在版式上觀之，似未得當。又此種花邊消息，不宜常用，一版之中，如發現兩三個以上，則讀者司空見慣，反不以爲可珍視也。此外又有所謂欄角新聞者，係以較長之新聞，排列於一版之角上，以花邊爲欄，自成一區，與其他新聞隔斷，藉示特色。此項欄角新聞，若演說詞，統計報告，旅行通訊，或其他特稿所謂 Feature Writing者，皆宜作此格式，惟通常須排六個短批，較爲合式，否則殊未能顯其優點也。

廣告之障礙 自各報版式革新後，最感困苦者，厥爲報社之編者與新聞排字，蓋編者計畫格式，煞費苦心，而排字則截長補短，手續異常繁瑣；然編者與排字爲報紙力求進步而致力，果能獲優美之結果，雖稍費周章，於心亦復良慰。以過去之經驗言之，廣告之排列，往往妨礙新聞之版式，或於全版中佔一大十字地位，使新聞徘徊於十字街頭，須跨越而過。或於新聞中刊一扶梯式之廣告，自下而上，層次井然，如遇極有趣味之新聞，欲排成完美之格式，在勢殊不可能，似又未可循此扶梯逐步下降也。以上所舉，均爲事實，故編者見此等廣告，多表示憤慨，然報社恃廣告爲生命綫，欲捨廣告而存新聞，編者無此權力也。或謂報社編者對廣告莫不通融，新聞則任情宰割，此語似可引起讀者之惡感，然而此爲報社營業之整個政策，尤非一二家報紙所可任意拒登，欲謀改善，非報界同業與廣告商合作不可，良以登廣告者只求效力宏大，他非所計，倘各報一致拒登，而廣告商亦不爲之轉遞，此風庶可稍戢乎！

第五節　參考資料

新聞記者日處繁複之環境中，應付進展不息之事件，必須常識豐富，能力充足，方足以勝任愉快，蓋新聞記者雖不必對於每種學問俱爲專家，然任何事件，似均須有相當之認識，於是研究一問題時，始有若干之把握，不致誤入歧途。雖然，新聞記者亦一普通人耳，決非萬能博士，亦非一朝身任記者，即可瞭解一切，故如何而後可使常識豐富，能力充足，端在平素之培養。以言記者學識培養，則聰明才力，各自不同，造詣深淺，全憑一已。惟組織完備之報社，於社中創設圖書室，搜羅中外報籍，以供記者公餘之研究，殆爲必然之理。至爲工作上便利，多得參攷資料起見，則報社中且另設參攷部，搜集廣泛之材料，以便隨時取用，此項組織，極關切要，言其表面，亦極平庸，但假以時日，搜羅廣博，必可爲近代史料之淵泉，記者培養學識之大本營也。茲就報社日常習用之材料，取給於參攷部者，分述如左：

圖景與小傳　報社最宜搜集者，厥爲世界名人之圖景與小傳，此其作用，固不必專爲某人死亡時刊載之需，卽在平素，凡新聞中有涉及某人者，卽可取用，又搜集之標準，自亦不必以政治家爲限，凡有一技之長，造福羣衆，或大奸大惡之徒，爲社會所注意者，均應加以搜羅，以備不時之需，而提高新聞之價值。茲以英國外相艾登爲言，彼爲英義協定而去職，當其頹然出唐甯街首相官邸也，萬人視綫，集於一身，此種新聞攝影，匪特在當時有刊布之價值，且有永久保留之必要，蓋艾登之政治生涯，不自此而終了，萬一將來正義得伸，時局不變之際，艾登重上政治舞台，以今日之攝影，再爲揭載，則其動人之力量爲何如耶？惟中國報社所搜得之名人肖像，多爲半身攝影，不甚生動，倘能從無意中一爲攝取，似尤覺親切有味矣。至小傳之作用，係狀述各個人過去之事業，得失升沉，自有公道，用以昭示來茲者也。

剪報之作用　剪報工作，在現代報紙中，其作用殊為切要。茲一問題，極易明瞭，吾人咸知中日在上海重開戰事矣，回憶一二八之役，上海戰事，如何發動，中間經過如何，停戰協定又如何，吾人或猶勉為記憶，然其間真正之事實如何，捨翻閱當時之報紙外，初無他法。若以此事叩之參攷部，則參攷部所應供給吾人者，厥為一二八滬戰剪報一本，檢閱之下，自戰事發動起，至日方撤兵止，均分別剪貼，井然有序。作者之所以舉一二八滬戰為例者，並非目擊此種剪報也，蓋認定剪報工作，係以縱的事實，先後為序，自開始以迄終了，均應剪報而自為一卷，一二八滬戰之事應如是，其他一切重要之事，亦莫不應如是。譬之卷宗，以一事為卷，吾人之檢閱剪報，亦猶機關之調取卷宗，卷宗之重要，盡人皆知，報社之剪報部份，蓋近代史料之總卷宗也，烏得而忽視之？

第四章　新聞之採訪

第一節　採訪前之準備

新聞記者以才情卓越，馳譽當世，雖特各人之際遇如何，然究以外勤記者所獲之機會爲較多；蓋外勤記者日與外界接觸，舉止談吐之間，在在均可表現其材能，而撰寫稿件，尤可使人獲得深切之印象。若就報紙之本身言之，苟羅致一二幹練之士，爲報紙專司採訪之事，則非特可得無數之寶貴材料，爲報紙增高地位，抑且可以造福於千萬之讀者，此殆毫無疑義。故報社聘請內勤記者易，欲得一完美之外勤記者，似比較困難，更進而言之，報社如獲有能力之外勤記者，忠於所事，不圖利用報紙爲個人之工具，則報社之前途，必因外勤記者之努力而增進其無窮之希望也。

外勤記者，至不易爲，採訪消息，首遡才智，經驗次之，隨時隨地，應付之方法無窮，且絕無途徑可循，非若工程師之建築橋樑，以圖樣爲唯一之準繩也。本書所述，僅以作者個人之經驗而言，絕不欲以此爲他人之模範，抑或以爲一得之秘，示以啓鑰，作者之意，僅謀概述採訪步驟，以供有志報業者之參考耳。茲先述採訪前之準備：

參考資料　當吾人出發之前，必先有其目的，所欲採訪者爲何事？所欲訪得之結果爲何如？在出發之前，自應以充分之時間，預研究，庶幾臨事應付，游刃有餘，且亦可免去無數臨時發生之困難也。新聞記者決非萬能之輩，亦非遇事盡可瞭解，而所遭遇之問題，確又變化無端，非深加研究，殊難得其理解；所謂深加研究者，即搜尋廣泛之資料，從事探討，以備應付於萬一是也。今以歐洲局勢爲例，設吾人訪問一外交家，叩詢德捷糾紛之前途，關於英法意之關係，蘇聯之態度，吾人決不能漫然爲詢，必須從各該國之外交政策，事態變遷，以及當前所發生之問題，先經過一番深切之研究，然後始可逐一提出，互相研討；否則於接談之頃，訪者一無所知，談者索然寡歡，此問題勢必無從說起矣。今之新聞記者，於訪晤政治家時，無論詢問何種問題，提示之點，或失之空泛，或過嫌淺薄，甚至絕無常識。每使談話中心，陷於僵局；未能得其癥結，此種弊病，蓋由於採訪之前，本身方面，對於詢問之問題，絕無若何探討，故略談數語，便爾詞窮意盡。優良之外勤記者，隨時隨地，注意事態之發展，而唯一之參考資料，厥爲逐日披讀中外報紙，使多方面的動態，瞭然於胸中，庶幾臨時取用，應對不窮，至有關時事之中西刊物，亦應訂閱，藉廣見聞。

平素準備　外勤記者又應注意平素之準備焉，蓋奉命出外，專司採訪，既無同伴，足資臂助，復缺乏之考證資料，可供研究，而突發事件，多在午夜，如不於平素稍事準備，臨時必有措手不及之感。所謂平素準備者何，卽將日常訪問之機關及有連帶關係之場所，其地址所在，電話號碼，與夫職員住址等等，備一小冊，隨時記載，如是於出外工作之際，偶有需要，可供查考。他若社會事件，異常繁複，一日之間，應須採訪者，或有若干處，臨時偶有遺忘，貽誤非淺，故每日讀報時，卽應將未來事件之可供採訪者，先爲排日記載，庶幾一日間工作，得分其先後，衡其緩急，從容以赴，方不致僨事。

應用物品　記者於出外採訪之際，尤須思想縝密，準備攜帶應用物品，譬之夜午外行，通衢中電炬燦然，未虞困阻，但爲尋訪里弄門牌，須至昏暗之處，則非備一電筒不可。他若紙筆之屬，必永携身畔，而鉛筆與自來水筆，須各有其一，蓋當工作緊張時，萬一鉛筆中斷，即以自來水筆爲繼，否則在公共場所，於急遽之間，決未能索得一筆，此雖小節，無關宏旨，但偶一疏忽，工作即遭防礙矣。至由報社派往外埠工作之記者，頻行之前，應用物品，當多方考慮，舉其大者，若地圖，照相機，膠片，郵票，醫藥用品等，皆不可不備，甚至一針一綫之微，於無可奈何之境地中，亦須自爲縫補。惟於起程之先，對於被派往地點或沿綫各地情形，應先作一番研究，倘能取得友人之介紹信，於到達時，往見當地人士，必可獲得臂助，各地風俗不同，入國問禁，言語舉止之間，尤不可不愼也。

第二節　訪問時之要點

外勤記者在職務上對外卽代表一報，言語舉止之間，直接可以覘人品之高下，間接可以影響報紙之聲譽，雖訪問之人物與環境，千變萬化，無從豫定，但最大之目的，係爲尋求新聞；故記者晤見任何人物，上至名流要人，下至販夫走卒，所表現之態度，所演述之辭句，均須適應環境，然後方足以完成使命。其他若忍耐功夫，隨機應變等等，均視環境爲轉移，舉不勝舉，玆略陳採訪時之要點：

態度與辭令　外勤記者所接觸之人物，旣高下不齊，職業各異，所表現之態度與辭令，亦須因人而施，不可拘泥，蓋與銀行家談外匯之升降，小商人談物價之高昂，自可獲得效果，若執攤販之流，與之津津論洋貨充斥，利權外溢諸問題，則彼必莫明其妙，或且掩耳却走矣。吾人與一人晤面，首應明其地位，察其性格，然後就此範圍，相機發問，必可引起興趣，徐及其他事件，凡欲訪求之消息，經此談話，曲折引導，必可完全暴露。至談話時之態度，見有地位之人，固無需乎卑躬屈節，自視渺小；晤平凡之輩，亦不必輕浮傲慢，惟我獨尊，要以誠摯之容顏，簡潔之詞句，應對周旋斯可矣。

談話之要點　今之記者，每於訪問要人時，左手按紙，右手持筆，有問必錄，自以爲當時談話，悉已記載，初無遺漏，誠計之最得者，殊不知被問者見此情狀，已具戒心，即欲掬誠相告，亦不願輕率發言，蓋懼偶失檢點，或且鑄成大錯。結果記者一無所得，空費辛勞，故談話之際，切忌當場筆錄，只可就所述各點，默識綱領，事後再推闡寫出，記憶力較强之記者，於此最獲便利。有時於既得眞相，對方忽不願披露，則亦須遵守諾言，萬勿輕於揭載，否則下次相晤，必遭責難，甚或不願再爲相見矣。又當倉遽相晤之際，切忌逕行發問，似宜先尋覓相當題材，作爲初步談話，俟對方興會勃發，再入正題，較爲得當。再或有關重要之事件，明知不易探得眞相，即苦苦追問，亦復無益，此時不妨稍施手段，用旁敲側擊之法，避重就輕，先提他種問題，然後方及正文。抑尤有進者，關於此種事件，不妨先以有連帶關係之其他問題，一爲聲述意見，曲折道來，使談話中心，漸漸入於主題。外勤記者倘爲明敏果敢之士，積以多年經驗，則任何困難問題，必可打破，凡上所述，不過舉其最平庸者而言之也。

新聞之綫索　外勤記者之採訪新聞，亦猶偵探之研究案件，然偵探辦案，必求得若干之綫索，記者採訪消息，亦有新聞綫索焉。普通新聞，易於採聽，毋俟佈置，至較爲複雜之事件，往往費盡心力，絕無所得，有時於漫不經心之際，忽得一二綫索，則可爲採求新聞之極大裨助。往者美國芝加哥某報記者於公畢驅街車歸家，時已深夜，忽聞車夫言，某處大火，某記者得此綫索，立斷歸家之念，亟馳往出事地點，則火燄熊熊，成災極鉅。於是先以電話通知報社，囑將最後之一張，暫緩付印，同時以敏捷之方法，寫成大火災新聞一則，記述目擊狀況，異常生動。文成之後，拆去次要新聞一段，將火災消息排入，俟全部報紙印畢，較平素出版之時間，不過遲緩一小時左右。次日，某報有此獨特之消息，各方大爲驚訝；而報紙之身價，立即提高。上述之事，係汪英賓君親爲作者言之，當確實可信，於此可知新聞記者應隨時注意新聞綫索，不容輕輕放過，蓋新聞來源，貴在綫索，敏銳之記者，隨地留意，俯拾卽視，初亦無若何困難也。又或於訪問某政治家時，最初之目的，係希望獲得政治之消息，乃互談之際，談話中心，忽轉移至另一問題，爲記者者，卽宜就此問題加以闡發，藉助其興，結果，非特原有目的，完全達到，且於同時得另一有價值之新聞，此又一例也。又往者某要人蒞滬，各方多加注意，全滬記者，紛紛出動，冀探其行蹤，守候其住宅，尾隨其汽車，惟要人之踪影，終不可得。有某記者別具隻眼，不欲追隨羣衆之後，獨往某君之家，某君者，要人之親信也，至時某君方振衣欲出，某君亦跨入其車，相顧一笑，各具會心，移時，車至虹橋飛機塲，則某要人亦乘車疾馳而至，匆匆數言，卽登預候之飛機，某記者目擊要人離滬，遂寫一生動有趣之消息，於次日披露報端，各報咸爲之失色，不知新聞究從何來也。綜上所言，新聞之獲得與否，貴有相當綫索；而以有價值之新聞爲尤甚。

養成忍耐性　報社任用外勤記者，必須試驗其性情，如爲燥急之輩，似難得相當成就，若具有忍耐特性，則採訪新聞，必可收得宏效。譬之訪問要人，其時賓客滿座，如次第延見，當在一二小時以後，苟無忍耐功夫，勢必立時引退，結果往返徒勞，固未嘗獲得片段之消息也。果有忍耐特性，則宜坐以等待，或尋覓機會，先與坐客作一度談話，偶於無意之間，得知其他重要消息，是枯守亦不爲無益矣。或喻新聞記者爲索債人，蓋登門索取消息，迫不及待，急如星火，宛如催債，此種情狀之下，欲以忍耐功夫採知消息，蓋亦難矣。

第三節　稿件如何寫作

外勤記者如具有採訪新聞之能力，而無寫稿之技術，則雖滿腹經綸，亦復何濟於事？故寫稿之佳者，非特情節瞭然，抑且曲折有致，引人入勝。關於記述新聞，全恃各個人之天才，未可勉强，然通常作稿，亦有一定之步驟，如能循序以進，亦可獲得美滿之成績，寫作稿件，體例甚多，緣舉所知，略貢梗概：

預打腹稿　外勤記者訪畢一事以後，忻然歸社，於振筆疾書之先，應預打腹稿，此事之性質如何？主要人物如何？發生之地點，在於何處，發生之時間，究爲何時？事件之起因，更復如何？此五者爲一事之重要因素，必於胸中一一思量，打一腹稿，此事應作平淡無奇之寫法乎？抑以生動之筆致，作活潑之寫作乎？腹稿既定，然後根據事實，按步寫去，一無困難。

切戒鋪張　新聞之價值，全以事實之重輕爲標準，如以細小事件，故作驚人之筆，寫成重大格局，讀者必感失望。又新聞以簡短爲貴，其萬不得已者，始可作冗長之記載。譬之一人爲債務所累，涉訟公庭，其中情節，或經過甚多，如一一描寫，可罄數紙，然此爲私人之金錢訟案，與公衆之興趣無關，若極力鋪張，徒取厭於人耳。又若某處火警，燬屋三椽，初無特別之情節，則宜以數語了之，倘一味拖長，徒佔篇幅，了無意味，非優美之外勤記者所樂爲也。

分段記述　其有冗長之消息，爲社會所注意，非儘量寫述不可者，則宜將此事分爲若干情節，寫成若干段，每段之上，冠以標題，務求條分縷析，使讀者一目瞭然。譬之某學術權威自海外歸國，在碼頭歡迎者若干人，設宴歡迎者若干團體，所發表之談話如何，豐采如何，均宜用分段記述法，以增讀者興趣，藉免籠統不清之弊。

問答體裁　問答體裁，應適用於重要之記載，譬之研訊一聳動觀聽之案件焉，被告若干人，每人之供詞如何？一句一字之間，出入甚鉅，外勤記者於此時宜以迅速之方法，記錄各人之口供，務使發言之態度，躍然紙上，如見其人。

特寫體裁　最生動有趣之寫作，厥爲特寫。特寫之事，以軟性之材料，較爲適當，今於初秋之際，開一園游會焉，已涼天氣，花木扶蘇，到會者爲如何人，園中之佈置如何，游藝與各個人之動態如何，均宜以生動雋永之格調，一一寫來，使讀者悠然意遠，宛如身歷其境也。又如政治領袖，盱衡大計，昕夕不遑，偶以要公，蒞臨某地，萬人空巷，夾道歡迎，此種新聞，雖非軟性性質，但於重要記事以外，不妨寫述若干細小有趣之事件，以提高讀者興會。

普通寫作　所謂普通寫作者，卽吾人習見報紙中之普通新聞是也。此種新聞，多由普通訪員及通訊社供給，陳陳相因，絕無特創之格局，但亦無瑕疵可尋，不過千篇一律，使讀者索然寡歡而已。

第四節　消息如何傳遞

新聞競爭之目標，首貴時間性，今日以爲新奇者，明日或已傳遍寰宇矣；午後以爲新發生之事件者，午夜或已成爲過去矣。故新聞競爭，毋甯謂之爲時間競爭，但如何而後使新聞迅速，則不得不於傳遞方法加以研究矣。年來國內交通事業進展，有裨於報業者甚鉅，前已數數言之，不復再贅，茲所欲言者，乃爲如何使用方法，以期消息傳遞之迅捷。

新聞報信鴿

新聞傳遞，最貴敏捷，有時於交通困阻之地，寄發稿件，應預爲策劃，利用信鴿，亦一有效之法也。上海新聞報訓練信鴿有年，卓著成績，上圖爲信鴿飛翔之狀，下圖爲攜帶信鴿遠行之具。

新聞記者之攝影熱

美國駐英大使坎納第 Joseph Kennedy某日於倫敦晴明之天氣中，偶與家屬，散步園林，爲新聞記者所知，羣往攝影，或蹲或立，姿態不一，爭以英大使一行爲目標。凡有新聞價值之攝影，最足引起讀者興趣，我國新聞記者，近亦注意於攝影，出外採訪，攜鏡箱而行者，亦大有其人。

利用電話　電話之運用，以開運動會時成效最著。運動會場中，到者無慮千萬人，外勤記者列坐場中，人各一案，上置電話，直通報社，一有消息，隨時報告，同時報社方面，指定專人，於聆取消息後，即寫記稿件，而排字工友，亦環立其旁，隨寫隨排，一至比賽終了，報紙已印刷畢事，人人爭讀矣。又若深夜三四時間，市郊以外，忽發生重大事件，外勤記者馳往其地，匆匆訪查，天已微明，如再以汽車返社，取紙寫稿，則報紙出版，必已不及，當此時也，惟以電話報告一切，由同伴代爲記述，及至歸來，稿已排成付印矣。

飛翔信鴿　信鴿之功用，世人莫不知之，軍隊之中，尤加注意，報社利用信鴿，運用甚廣，譬如自杭至滬，爲程匪遙，亦有火車可通，但以偶發事件，與火車班次不相銜接，無從寄信，此時即可以信鴿代之。又如外勤記者奉命出發，至一荒僻之地，探訪一事，郵政電話，皆未創辦，唯一救急之道，當以信鴿爲傳遞利器矣。

其他要點　新聞之時間性，既如此嚴重，記者如獲得消息，絕不可輕輕放過，例如中日兩國於上海作戰，倘欲拍發電報至外埠報紙，則應於正式作戰之消息證實後，立刻拍發一電，此時固不必計及事態發展至若何程度也。其後如續有較詳之消息，亦須隨得隨發，直至最後之一電爲止，外埠之讀者，讀此陸續遞達之消息，亦可知上海戰事嚴重之進展情勢矣。以上所述，爲關於電訊之舉例，他如担任特約通訊者，則應隨時與郵政局作密切之接觸，火車之班次鐘點，輪船之航行時刻，在在均應有詳盡之記錄，不可稍有脫誤，時間如飛，稍縱卽逝，新聞之競爭，在於時間，消息傳遞之得當與否，時間關係，實異常重大也。

第五節　理想外勤記者

外勤記者在職務上對外卽代表一報，作者心目中，當有一理想的外勤記者焉。下此所舉，均屬理想之條件，懸此鵠的，以求其人。

一、認定國家之利害，高於一切。
二、富貴不能淫，威武不能屈。
三、國學有相當根柢。
四、有科學頭腦。
五、對社會科學，有深切研究。
六、常識豐富。
七、身體壯健，刻苦耐勞。
八、性情和平。
九、精於攝影。
十、能騎馬，駕車，以及游泳。

第五章　戰時之採訪

第一節　戰時新聞政策

於述戰時採訪之先，應一論戰時新聞政策，蓋新聞報道，在承平時代，猶須採整齊劃一之步調，始收宣揚政策之宏效，況在戰爭期間，關係國族興亡，國際視聽，非確立新聞政策，調整宣傳機構，不足以禦侮救亡，有識之士，對於戰時新聞政策，多知其切要，或抒個人意見，謀實際之方案，或露殘暴事實，求國際之同情，要皆憬於戰時宣傳之重要，欲獲最後勝利，勢不得不加强宣傳力量者也。以上次世界大戰而論，歐美各國，均獲極大敎訓，認爲果於國際宣傳，收獲效果者，則其國際活動以及外交陣容，亦嘗保其優勢。德國宣傳部長郭培爾嘗言：『德國於上次大戰之失敗，不在於軍事之失敗；而在於忽視國際宣傳，果德國能如今日之重視宣傳，深信或不致如是失敗』。於此可知戰時宣傳之作用，匪特激勵國內民氣，抑且於國際間尋求與國，其關係如此重大，吾人不可不深加認識者也。茲就眼前事實，過去經驗，就原則方面，分述戰時新聞政策之特質如次：

統一意志　所謂統一意志者，卽於整個國策決定之後，中途無所用其遲疑，亦無所用其搖撼，無論大局變化至如何程度，吾人秉既定之國策，竭力以赴，義無反顧，故於撰述評論也，應加强其整個民族之凝結性。向者外人嘗譏中國民衆毫無組織，謂爲一盤散沙，沙之體積雖微，然以士敏土溶合之，則凝結堅固，無可分離，報紙有統一意志之評論，猶一盤散沙中之士敏土，其作用乃在加强凝結性也。至於新聞報道方面，於逐條逐句之中，尤須儘量袪除分化作用，加强作戰意志，務使報紙之讀者，明瞭救亡圖存之眞諦，人同此心，心同此理，報紙之所言，卽讀者之所欲言者，換言之，卽整個國族，大家一條心，報紙之意志，亦卽羣衆之意志也。統一意志之作用，果何在乎？可舉事實以彰之，自廣州武漢淪陷以後，和平謠傳，甚囂塵上，但民衆對之，甚爲冷淡，不數日間，便瓦解冰消，最高當局，主持大計如故，民衆對既定國策，信仰如故，絕不因和平謠傳，而有所遲疑搖撼，此即統一意志所收效果之明徵也。

激發士氣　報紙於作戰時期，尤須負有激發士氣之使命，何以言之？願畢吾說。作戰之時，官兵爲國犧牲，衝鋒陷陣，全憑一鼓作氣，在後方之民衆，宜如何激勵士氣，方獲得最後之勝利。關於組織後方民衆，兵民打成一片，各方論者已多，茲不具贅，若就報紙本身言，激發士氣之方案，端在予官兵以精神亢進。作者曾赴後方醫院矣，負傷健兒，呻吟輾轉，偶詢以作戰經過，彼暢述無遺，即以彼之所言，揭露報端，待至次日，授予一紙，此傷兵興奮欲狂，甚至叩詢醫士，何日傷愈，再赴前綫，可知士氣之激發，影響於作戰前途者甚大。當武漢尚未淪陷時，香港大公報，徵集慰勞袋，送至前線，一時應徵者，十餘萬份，雖云片楮傳情，表示致愛，亦屬小節，然前方將士，各得一械，精神上之安慰，其寶貴價值，殆難以估計。他若食品之捐輸，衣履之致送，在在爲官兵作戰所需，亦爲輔助政府之力所不及，報紙倡導於先，民衆樂輸於後，其激發士氣之作用，實未可忽視。更有進者，勇猛作戰，原無關乎陣地之得失，今有一營之衆，死守據點，縱糧盡援絕，亦不肯捨去，然忠勇事跡，可以照耀日月，彪炳千秋，職司輿論之責者，宜如何喚起羣衆，予以表揚，激勵繼起，是在宣其弱毫，大聲疾呼者矣。

賑濟建設　戰事起後，有兩大問題，同時發生，不可不立謀解決者，一爲流離轉徙之難民，一爲生產建設之進行，此兩問題，推進之切要，殆與戰事有同樣重要意義。以過去經驗言，戰事爆發，首先蒙其損害者，厥爲戰區之難民，數千萬居戶，頓時無家可歸，流離失所，於是必有若干收容所之設立，房屋之支配也，食糧之給養也，在在均爲賑濟之先決條件，報紙處於領導社會之地位，就眼前需要，應儘量鼓吹，招募捐款，已飢已溺，節約救人，迫不及待，徵諸以往，當上海八一三之役，報紙爲難民呼籲，盈篇累幅，自亦有其價值，不容抹煞者也。自戰事擴大後，各方驟於居民逃難，爲無意識之消極舉動，乃竭力倡導有秩序之撤退，惟當地居民，以祖宗廬墓所在，不忍捨去，亦復人情之常，報紙即推陳其利害得失，政府復予以運輸上之便利，試以武漢一區而言，居民西移者十餘萬人，爲國家保存元氣不少，斯亦報紙宣揚政策之功效也。作戰之久暫，以國力之充沛與否爲斷，決非全恃犀利之武器，即可制勝於永久者，當中日戰事初起時，有識之士，即主張將重工業之工廠內移，專家披瀝意見，報紙痛切陳詞，一時拆卸機件，溯江西上者，後先相望，時至今日，中國之心臓，異常活躍，輪軸轉動，日夜不停，供求相應，未虞缺乏，大量生產，猶日在猛進之中，蓋生產建設，爲作戰時期充實國力之唯一條件也。

尋求與國 以上所述，俱爲對內而言，今請言對外，即在作戰時期內不可不注重國際宣傳也。吾前已言之，作戰期內，果能於國際宣傳，收獲效果者，則國際活動，以及外交陣容，亦賫保其優勢。吾人對於國際之希望，乃在尋求與國；所謂尋求與國者，第一須對我表深切之同情，次須予我以相當之援助；援助之道，初不限於武器，即醫藥之捐贈，亦所切盼。以過去之情形而言，各地報紙，對於國際評論，多以肫摯之言詞，敷陳慘痛之事實，初無惡意慢罵；或取快一時之論調，故各國言論，對我均表深切之同情，其以實力助我者，固有多國，卽因環境關係而不能助我者，亦對我軍忠勇作戰，表示無上之敬意，故此次作戰，吾人可坦白言之，各地報紙，對於國際關係，剖析清楚，所發言論，亦至爲恰當，故國際間的收穫，不可謂不鉅，而外交陣容，亦固嘗保其優勢也。

確立政策　於此吾人應述國民參政會議決之戰時新聞政策，以供參考。國民參政會第二次大會於廿七年十一月二日，在重慶開第六次會議，討論參政員胡景伊等廿一人提議，『擁護抗戰建國綱領，確立戰時新聞政策，促進新聞事業發展案』，經會議予以通過，送請政府採擇施行，茲錄原提案內容於次：

第一　確立新聞報道原則辦法：（以抗戰建國綱領爲標準，制定新聞報道全體綱目。）

（一）軍事方面，應注意於加强抗戰必勝的信念，和戰局發展的正確認識，同時對於新軍的建立，軍隊的政治工作，及訓練壯丁，動員民衆，予以積極報道和推動。

（二）政治方面，應注重於鞏固全國團結，堅持抗戰到底的既定國策，促成政治機構的調整，施政方針的改進，以便配合抗戰的需要。

（三）賑濟建設方面，應注重於財政經濟之調整，與生產建設之進行。

（四）外交及國際方面，應注重於我們獨立自主的外交政策之實施，以促進國際間對我的友誼和援助。

（五）教育及民衆運動方面，應注重於戰時教育之實施及民衆運動之開展。

第二 調整新聞宣傳機構辦法：

（一）改善新聞檢查制度，使不僅實施消極的檢查工作，更應推行積極的指導任務。

（二）統一全國新聞檢查機關，新聞檢查所應由全國新聞管理機關統籌支配，務使政府之確立方針，不受任何地方關係之限制。

（三）新聞檢查人員之任用，應由全國新聞管理機關統籌支配，其資格必須有從事新聞事業三年以上之歷史，並得正式新聞機關證明，確有新聞事業三年以上學識經驗者爲合格。

（四）新聞檢查機關，應隨時召集當地報紙編輯人，參加談話，共同商討各種新聞上之有關問題及法令等，以收切實領導之功效，並接受報社貢獻之意見。

（五）制定新聞檢查人員之獎懲辦法，如新聞檢查人員違反確定『報道原則』而濫施職權時，應予以嚴厲之懲處，以杜流弊，而保障合法之輿論。

（六）擴充全國新聞事業。

（七）加强國際宣傳力量。

第三增進新聞記者工作效能辦法：

（一）提高新聞記者之技能，由政府設立之戰時新聞記者訓練班，分別定期召集全國新聞記者，實施軍事政治等各種訓練。

（二）充實新聞記者之學識，在政府當局補助之下，由新聞界組合，或由新聞學術團體，辦理戰時記者訓練班。

（三）政府對於新聞記者，應予特別優待，通令公務機關軍事當局，對於新聞記者之工作，盡量予以幫助，并准享受交通上最大之便利。

（四）對於新聞郵電，政府通令各軍事當局，對於持有證明文件之新聞記者，得予軍事郵電遞達之便利。

第二節　戰地記者之條件

新聞記者於此大時代中，努力爲國家服務，出入於炮火密集之陣地，與將士共嘗甘苦，實爲畢生難忘之壯舉，可遇而不可求之機會也。爲述戰地記者之條件：

精神之亢進　新聞記者於國家整個國策既定之後，應秉國家至上，國族至上之精神，努力完成其報道使命，第一當先求精神之亢進。在此大時代中，精神亢進一語，殆爲每個份子興奮之良劑，新聞記者欲藉報紙之力量，以喚起羣衆之報國思想，尤當於本身方面，力求精神亢進，否則自身萎靡不振，焉能形諸楮墨，揭載報端，以促起讀者之注意耶？所謂精神之亢進者，在新聞記者方面，亦自易爲，第一應求思想轉變，舉凡往昔惡劣習慣，儌倖心理，均當力予剷除，養成崇高意志，從大處着想，自小處着手，如是脚跟立定，不驕不餒，無論寫稿撰文，均字字有力，無形中可激發羣衆之意志。第二減低物質享受，新聞記者雖非政府官吏，一切舉動，須爲人表率，然因與各方保持接觸關係，尤其時與前方作戰之官兵接晤，應將平素之物質享受，力自減抑，衣履不患其簡陋，飲食應期其粗糲，於是耐勞耐苦，敢作敢爲，一切言動，可予各方以良好印象。第三應明瞭本身責任，作者嘗聞人言，此次中日大戰，我方士兵，一聞命令開拔，莫不欣喜欲狂，以爲踏上沙場，即取得報國之機會，認爲畢生榮耀，此種亢進之精神，實爲國家之至寶，亦即每一個兵士，莫不明瞭其本身應負之責任也。新聞記者以筆管作戰，發揮力量，與槍炮無異，尤須瞭然於報道之責任，故一至戰地，凜然於神聖之任務，除日夜工作，爲忠實之報道外，尤應深切認識，本身之工作，並非爲個人生活，亦非爲一報工作，蓋爲整個國家；整個國族；作崇高之鬥爭也。

學識之充實　戰時之新聞記者，亦至不易爲，蓋必有豐富之學識，方足應付一切。當戰事爆發之際，國際形勢，倏息萬變，孰者於我有害，孰者於我有利，均宜剖析詳明，不可貿然從事，撰述論文，記載訪稿，俱宜予以注意，而每日中外報章所傳之國際動態，歐洲牽制之局面，在在關繫遠東局勢，吾人意領神會，握管之際，允宜熟思，毋許疏忽也。戰場形勝，與山川地勢，所關甚鉅，絕不因一城一邑之得失，而影響整個戰局，吾人評論大局，報道戰況，首宜明瞭整個作戰計劃，陣地村落之放棄，在不知者聞之，或爲失色，然吾人既知成敗之局，非定於一朝之決戰，即應將此種形勢，予以闡明。除上述諸事外，新聞記者更應麤具軍事常識，若軍隊之編制，兵器之種類，防線之構建，救護之智識等，均須有相當之考究。譬之大砲，口徑之大小，與射程之遠近，在軍事家言之，此爲極普通之事，然新聞記者，或苦不知，一日文字之間，需要應用，强不知爲知，或牽强附會，貽爲笑柄，殊屬可恥，故此等常識，應隨時筆錄，用備參考。

抑更有進者，新聞記者既出入戰場，接晤人物，多屬武裝同志，談吐之間，盡爲軍事方面之名詞，吾人既以採訪新聞爲目的，關於軍事術語之運用，自亦不可不加以講求者也。此外，新聞記者既恃筆管爲工具，而新聞報道，又以迅速新鮮爲貴，故作稿技巧，宜求純熟敏捷，文字意識，宜求精神亢進，此在平時，卽應養成習慣，作戰時代，更當求如何運用之者矣。

身體之健全　新聞記者既具有亢進之精神，充實之學識，宜可以踏上沙場，勇邁無匹矣，然而不然，何也？蓋非具有健全之體格，實不足以膺此重任也。新聞記者白日奔波，漏夜工作，精力體力，兩感疲乏，益以時間所限，寫稿撰文，無從容構思之機會，故非腦力體力過人者，決難膺此繁劇，吾人試一思之，前方作戰，士卒伏處濠溝中，日炙雨淋，炮火飛掠，其痛苦之情狀，不難冥想而得，然士卒處之夷然，一無所動，此非訓練有素，曷克臻此？新聞記者，身入戰地，軍事長官，決不顧其親至火綫，故所處之地位，實爲前綫之後方，其危險性已視火綫爲少，然而荒山古寺，茆屋小橋，亦屬淒涼之境地，新聞記者處此地位，自當力求適應環境，舉火治餐，躬操井臼，雖一時未必能慣，但積日稍久，亦可安之若素。惟身體羸弱之新聞記者，或素有精神病者，決不宜任其至戰場工作，蓋匪特與新聞報道無補，而炮聲震耳，飛機掠空之聲，反令此輩弱者心胆俱碎，斷送其生命也。故各報遴派記者，赴戰場採訪，必擇其身軀健壯，膽略過人者充任之。作者嘗言：冗進之精神，充實之學識，可以力求而致，惟健全之身體，得力於先天者半，鍛鍊者半，要亦無法强求者也。

第三節　前方工作

軍隊作戰之地區，概稱之曰前方，所以示別於非戰鬬之地域也。戰地記者，隨軍出發，能在前方身歷其境，對於戰况之描寫，戰局之變遷等，其報道自能更爲確鑿，紀載尤屬詳盡。戰事採訪之上着，自莫過於在前方工作，蓋極明顯耳。但就事實上言，前綫戰事之採訪，豈易爲哉？近代戰爭，全仗科學，殺人兇器，日益進步，大規模之戰爭，雙方佈陣，戰線長至千百里者，比比皆是。舉凡戰略，戰術，或戰況如何，決非門外漢能道其隻字。戰地記者，非於軍事學識有相當經驗者，難望其能有完滿之結果也。

前線可往乎　軍事勝負，決於全局，一城一市之得失，不能作爲整個結局之推測，凡粗知軍事學者，類能言之。戰地記者之報道，貴在大處着目，非有關於重要局勢之轉變者，不宜作支離碎裂之報告也。換言之，報紙登載戰事消息，重在作戰之結果，及戰況之描寫而已。軍隊如何調動，陣地如何佈置，以及取何種戰略或戰術等，既非報紙所能隨意披露，而各種機密情報，亦非新聞記者所能獲得，更無論非讀者所欲渴知者也。今日吾人常見之戰地新聞，如「收復某城記」，「某地血戰經過」，或「某某前綫視察印象」等，無非爲一隅的局部記載，或事後之追述，作爲主要消息之輔佐者耳。然則前綫無可採訪者乎？曰，非也，前綫採訪所得之結果，不在讀者所不欲知，而難在材料之不易得。前綫爲兩軍喋血之場所，情勢極度緊張，生死毫髮，固無論已。若但憑一己之觀察，其結果毫無所獲，自在意中。蓋近代戰爭最重掩蔽，戰壕也，砲位也，彈藥庫也，無不用盡方法，遮掩之使不爲敵方所覺察。在如是情況之下，縱令作戰指揮當局，准許新聞記者往戰場觀戰，其能希望有所見乎？於是戰地記者乃不得不退而求其次，祇得在「前綫之後方」，如指揮部所在處，從事消息之蒐集矣。

任務之困難 戰地記者非人人所得而爲者也。戰事之起，事前雖有端倪可尋，但其爆發，多在倉猝。戰地記者一經受命，咄嗟立行，毫無游豫之地。此時各地交通，均受戰事影響而起劇變，於是各種交通工具，無論舟車騾馬，咸須備嘗之矣。去秋我國淞滬抗戰方起，歐美各大報新聞記者，被派來華者，莫不水陸兼程，剋日抵滬，其有方有事於西班牙，或返自阿比西尼亞者，亦不容休止，買舟渡海，駕機航空，紛紛東來，良以戰機萬變，稍縱卽逝，敏捷乃最大資產耳。既至目的地矣，宜如何佈置，以策萬全；如何刺探消息，不落人後；如何傳送報告，依時到達；尤非毫無經驗者，得以從事。刺探消息，全仗談話，不知多種方言者，不能有所獲也；往一地，或作一報告，地理形勢不能不瞭然於胸中，否則貽誤訛謬，相繼而起矣。戰區非家鄉可比，不能適應環境者，不能克服困難。風雪雨霧，寒煖無常，此天氣之難以應付也；睡眠不當，飲食無節，砲火連天，神經緊張，此身心之難以應付也；至若彈傷折骨，變成殘廢，爲職務而甚至犧牲性命者，亦非不經見之事。如去冬十一月十日，國軍方自滬西撤，倫敦每日電聞報London Daily Herald記者史蒂芬司，在法租界呂班路水塔頂觀戰，忽然中彈殞命。當時觀看者計共九人，史氏以職務關係，身先衆人，於是殉職。新聞記者以尋覓眞相，報告確實消息爲天職，而作戰期間之軍事當局，爲決戰計，對於各種消息，消極的，則力守祕密，不使透露隻字；積極的，則儘量僞造，令對方陷於撲朔迷離之境。新聞記者介於此兩大絕端之間，其採訪新聞，困難爲如何乎？

正確與迅速　前線採訪工作，刺探消息，既極困難，而如何能獲得正確消息，及使已獲得之新聞，得以送達所代表之報館，則尤爲戰地記者所必具之能力。英著名戰地記者洛賓生氏，（H.P. Robinson 1859——）嘗感於採訪戰事新聞，不易獲得正確消息，主張「戰地通訊員應和衷共濟，共同工作」。渠之方法，乃令各通訊員逐日將各自採得之消息，互相交換，比較其出入，糾正其謬誤，以期獲得最後之眞相，然後發出。其利：一，戰線甚長者，交換各人活動範圍所得之報告後，可得一明確可靠之概括消息。二，因各人盡出其所獲者，互相交換，可避免意想的，或虛構之報道，讀報者不致爲離奇消息所蒙蔽。洛氏之主張，信有見地也。消息之傳遞，莫妙於利用無線電，電報，或傳信鴿等，前二者爲科學發明，快速可靠，雖長途異域，亦無隔閡。後者係藉禽鳥作媒介，短距離之輔佐通信工具，舍此亦難他求矣。戰地記者謀其消息之「出路」時，凡能利用之工具，均須考慮及之。且宜多爲預備，俾一路中斷時，另一路尙可爲繼也。至若窺察戰況，調查眞相，縮短時間及距離者，坦途可用摩托車，水道莫如汽艇，若因環境或地勢關係，則飛機、摩托脚踏車，馬匹等均在使用之列。最近日軍南犯，由大亞灣登陸時，香港西報記者曾駕乘飛機，往該處上空偵察，歸後以所得實情，筆爲新聞，既迅速，正確，而又饒於興味，此亦近代報業中，消息採訪競爭中一個小影也。

第四節　後方活動範圍

戰時之後方新聞，其價值果較遜於前方者乎？自近代戰爭之目標，及新聞報道之責職論，則後方新聞之重要性，不特不在前方之下；苟參閱上節所述，採訪之困難，與眞相之難獲各點觀之，其價値之大，猶且過之耳。

決戰不僅在軍事　近世戰爭之目標，除內戰不論外，侵略領土，及握取經濟命脈，乃爲侵略國進攻之唯一指歸。戰事既起，兩國交惡，斷絕國交，固爲題中應有文章。然第三者之態度若何？爲虎作倀，資助侵略者乎？抑爲申張正義公道，而表示同情於被侵略者乎？國際情勢之變遷，陣線之對壘，友邦朝野之輿論，均間接影響於戰事之開展，而爲最後勝負决定之所在也。民氣渙散，經濟動搖，戰事何能持久？金融市場之是否穩定，工商貿易之能否維持，均直接的能影響於戰局前途。至若軍火之接濟，後備兵之訓練，發行戰時公債，徵抽各種稅項，雖爲政府施政之方案，要亦由於民間之響應，始能舉國一致，作戰到底，而獲得最後之勝利也。戰時之新聞採訪，其在後方者，活動之範圍至鉅，關係亦至重要。首節不已言之乎？戰時之新聞政策，在統一抗戰步驟，增進作戰力量，喚醒民衆，及激發士氣，其重要性固不下於前綫之三軍也。記者憑其觀感所得，作爲有系統，有力量之紀載，登高一呼，其力量誠有不可輕侮者。英國太晤士報記者羅塞爾氏（Sir W.H. Russell 18,0——1907），人奉之爲戰地記者之泰斗。一八五四年克里米之役，氏奉館命隨軍採訪新聞，目擊英軍編制失當，指揮不一，貽誤戰略；坐失戎機，痛心之事，不一而足。及至後方，又見軍需設備不充，救護傷兵，草率異常，種種情狀，怵目傷心，氏以責職所關，草成通訊數篇，將當時實情曲繪詳述，發表於太晤士報。一時物議騷然，對當局處置失當，羣起指摘。在朝官吏亦深資警惕，力謀改革。當時作戰將士，於感荷羅氏之餘，咸呼之爲「軍隊之友」。夫羅塞爾所報告者，非關兩軍厮殺之戰況，而爲作戰要素之檢討，不作膚淺之描寫，而爲奮臂之狂呼。挽頹勢於將瀾，

振軍心於俄頃，其卓見遠識，豈偶然哉●

新聞線索之一斑　舉國抗戰，本無所謂前方與後方也。前方如鏑，後方如梃，合則成力，分則無效。新聞採訪工作之遠達前綫者，無非爲消息計耳。前方如無確切新聞可得，反不如在後方活動，較有收穫也。去年八月廿六日，英大使於京滬道中，被日機射擊，負傷來滬就醫，此事聳動國際視聽，關係重大，各報記者，爲求取確切之消息計，當時在英領署，宏恩醫院等處，大事活動，此一事也。又如國軍自武漢西移，政府機關紛遷湘渝，新聞採訪之中心，亦隨移入川。向之中外各通訊社電訊，由漢口發出者，至是均改由重慶，作爲消息傳佈之根據地矣。實則就事實上言，消息能集中一處，採訪事功，必更見效。我國抗戰局面，由局部的而化爲全面的，戰綫綿延至數千里，東戰場也，西戰場也，華北也，粵南也，滿地烽火，風雲變色。苟欲每一方之前線，派一隨軍記者，不但非事實所許可，卽能辦到矣，其所供給之報道，誠如前述，亦莫非片段與一隅而已也。欲得戰事全局之鳥瞰，與重要城市之得失，戰時施政之綱要者，舍政府最高機關所在地外，別無他處，可供新聞記者之活動也。凡機關兵站，高級長官，軍部人員之駐在地，均爲戰事消息之來源處。新聞記者正不妨隨意訪問，叩詢有關作戰，或軍事時期施政之大計。傷兵醫院，難民收容所，更宜不時前去，搜求材料。傷兵來自最前綫，對於前方情形，雖不能一一明瞭，然由其口中，亦可聆知作戰之片段情況，其個人之作戰經過，沙場生活，受傷由來等，往訪者如能加以描寫，則親口所述者，歷歷如繪，較諸呆板之公報式戰訊，自爲讀者歡迎多多矣。難民爲國犧牲，由戰地狼狽出逃，妻離子散，廬舍蕩然，慘苦之狀，一言難盡，其身歷而目擊者，無非愴痛之迴憶耳。至情血淚之文章，大可由此取材。至於當地之交通防範，駐兵數目，地方紛亂情形，以及損失程度等，亦必能道其詳細。此種紀事，不特有關消息之傳遞，俾知淪陷區之實情；且難民之所遭受者，凡屬國民，均有遭受此同樣境遇之義務。後方民衆，或以地區遼遠，未直接受砲火洗禮，或以環境關係，托庇外人，尙可苟安於一時；見此眞正爲國犧牲之哀鴻，不但知所警惕，仰且引起愧怍矣。戰事爆發，舉國奮起，後方糧食，燃料，物價，工資等，或加統制，或有劇變，其影響於日常生活者，殊非淺鮮。調查而紀載之，亦戰時經濟之研究材料也。

俘虜戰利品展覽　前綫作戰之狀況，除報紙紀載，及露佈之照片而外，後方民衆未由見其眞相也。爲徵信戰事勝利，激發後方民氣起見，軍事當局常以作戰所獲之戰利品，輪迴展覽。同時以所獲之敵方俘虜，於押解途中，供人參觀。我國各地抗戰，日機肆虐，屠殺平民，到處轟炸，我英雄空軍戰士，奮勇殺敵，以少勝多，每戰必擊落敵機數架，到處陳列。又如今春徐州大會戰，我軍以大迂迴之包圍戰術，予日軍以打擊，然後照原定計劃，轉移新陣線。當時並奪獲日軍巨型坦克車數輛，曾在武漢湘垣展覽，報紙均有紀載。後方民衆見此等戰利品後，對於前綫將士，及最高領袖，亦必致無上之欽敬。嗣後由徐州間道退出之戰地記者，又陸續將徐州劇戰經過，及國軍西撤情狀，一一於報端披露，讀者參觀戰利品於前，溫復當時血戰之寫眞於後，相互參證，對於抗戰前途，必更堅具勝利之信念矣。

第五節　戰時新聞禁例

新聞檢查制度，由來已久，研究報學史者，咸謂創自馬羅凱撒大帝。當時征討邊陲，有事於四方，軍書傍午，函扎交往，戰地消息，每每由兵士傳於後方，爲防止訛僞，抑止軍報之散播計，凱撒特置專官，檢查來往消息。故軍事通訊旣濫觴於此時，而檢查制度之存在，亦同時以此爲嚆矢也。其後十字軍之遠征(1096——1272)，及三十年戰爭(1618——1648)踵起，新聞學家劃分此爲手寫新聞時代者，遠戍士卒，每以駐在地之軍事消息，手繕之而遞達於後方。達官巨賈，且有靡金錢而專僱此種通訊員者，是亦近代戰地記者之前身也。

實施檢查制度　軍事消息之須受檢查，各國皆然。一以防止虛僞之宣傳，搖動人心；一以防止對方間諜，資爲情報。故不但戰地發出時須受檢查，卽訊息到達時，亦將受當地檢查機關之扣留或删削也。檢查員之對於新聞記事，雖爲消極的處置，但因消息之遲到或割裂，影響於正確消息之傳佈殊大。日軍當局在拍滬電報中，或通訊紀事中，删削一部份，或抑止全部份消息之事，已非一次。路透社等爲表示眞相起見，常以其經過，告知讀者者也。又如一九一四年，歐洲大戰初起時，紐約太晤士報於十二月二十二日，發一電致其巴黎之通訊員。此電經檢查員加以扣留，直至一九一五年五月三日，始行送達。其間在檢查員手中，擱置至一百三十二日之久，亦奇聞矣。

保守軍事祕密　兩國交戰，無所不用其極，晚近間諜制度，各國軍事當局又視爲作戰利器之一。舉凡消息傳佈，圖片攝取，地形繪製等，新聞記者務宜體諒軍事當局之苦心，一切服從其指揮，蓋片段之紀事，一方之圖片，在報紙得之，往往爲聊備一格，無甚得失。如落於敵方間諜之手，貽誤大局，爲害匪淺矣。戰時之新聞統制，猶爲廣義的，而於軍事地帶禁止攝影繪圖及以文字宣佈等，則爲對於戰事採訪之狹義的限制。無論從事前綫採訪，或後方活動者，對於當局所頒佈之禁令，務宜切實遵行，不可疏忽者也。

第六章　通信社之發展

第一節　通訊社概述

中國之通訊社事業，在數量上不可謂不多，凡有報紙之地方，幾無不有通訊社；良以組織規模，不必過鉅，資金豐儉，漫無準繩，卽以一人而經營一通訊社，凡採訪，編輯，抄胥之事，均由一人任之，殆亦有此可能。然在作用上欲爲國家司喉舌，在全世界密佈通訊網，以與英之路透，法之哈瓦斯，美之美聯等爭一日之短長，則正如癡人說夢，不知何日方可實現此種理想的境地也。國人之創辦通訊社，亦非無遠大眼光，縝密計劃；徒以迫於環境，限於財力，未能多所發展，而資金較爲有力者，又甯願辦一報紙，急赴事功，不欲擲多量資財，從事此渺茫之事業，此中國通訊社不振之最大原因也。

通訊社地方化　除中央通訊社於全國各重要城市設置分社，佈置通訊網外，其他各地方之通訊社，殆均具有地方性之特質。試以報業中心之上海市而論，通訊社最盛時代，計有二十餘家，每個通訊社採訪之範圍，俱以上海爲限。上海雖有三百五十餘萬之人口，社會組織，不可謂不複雜，但每日發生事件，在表面上可供採訪者，亦極有限，故此二十餘家之通訊社，奔走爭競，咸趨一途，甚至懶於採訪，以閉門杜造，或摭拾舊聞爲裝點門面之一法，其結果則報社任爲可靠，時予刊用者，不足十家。上海之情形如是，其他各大城市之通訊社，亦莫不如是。夫地方化之通訊社，非不可訪得特殊之消息也，徒以從事者昧於見解，衆人之所趨，已亦趨之，於是人云亦云，新聞盡屬雷同，報社編者，於比較之下，優劣頓見，甚至同一稿件也，自亦擇其轄印清楚者錄用之。倘通訊社能另闢途徑，除普通習見之消息外，更從他方面獲得若干不經見；且又翔實可靠之新聞，則報紙當樂用之不暇，而通訊社之本身，亦立於不敗之地位。故通訊社之範圍，不必計其廣狹，更不必以地方化爲病，若能每日有一二則獨特之消息，斯爲最上者矣。

與報紙之關係　通訊社每日供給新聞於報社，亦猶製造商之以出品供給於商店者然，出品之高下，商店固知所抉擇，然優劣之品評，消費者實掌握其權衡；故通訊社所發之稿件，其價值如何，自待一般讀者考量也。以言通訊社與報社之關係，則通訊社於創辦之始，必先有其目的，或以私人營業爲主旨，或以政治權力爲背景，或藉機關團體爲消息之取材，或恃多方津貼爲維持之資源，其詳當於下節述之。通訊社之創辦，既已先具目的，故所希冀於報社者，只求將其發出之消息，儘量揭載，於願已足，他非所望。至成績較優之通訊社，報社亦按月酌予稿費，但爲數極微，其次焉者多免費送稿，甚至累月經年，未獲絲毫之報酬者，亦所在多是。至範圍較廣或兼營電訊之通訊社，因消息較多，價值較高，自當別論。若夫中央通訊社，則每日播傳各地重要之消息，報紙篇幅，幾大半取材於彼，自又不能與普通之通訊社相提並論者也。

通訊社之簡史　考國人創辦通訊社，實以北平之新聞編譯社爲嚆矢，主其事者爲邵振青氏；時民國五年也。（邵死後社亦不久停頓）其後各大城市之通訊社，相繼設立，以上海而論，民國十一年，國聞通訊社成立，嗣後聯合通訊社，中國新聞社等亦後先發稿。此時之通訊社，在數量上，尚不甚多，所採輯之消息，亦尚可刊用，故報社之對於通訊社，殊抱相當之熱望，蓋彼時新聞來源，泰半由普通訪員供給，晦澀而不生動，轉不如通訊社所發消息之可貴也。以上所述，爲民國十一年至十六年間事，在此時期內，國聞通訊社，雅負一時盛譽，後以主持者赴北方辦報，通訊社遂亦無甚精彩，以至於停止。自十六年後，各地通訊社，頓現蓬勃之氣象，申時電訊社崛起於上海，除發佈地方化之本埠新聞外，兼採輯各地之電訊，供給各省市報紙之需要，最盛時，與各地報紙訂約供給電報者，可百餘家，每日收發電訊，平均約有六萬餘言。其他若新聲，大公，國民，遠東，神州等通訊社，均於上海成立，各有所長，爲報社所重視。乃以時局動盪不定，復因人事關係，各通訊社卒後先受其影響，申時，大公，國民等社，均於此次戰事中停業，亦不得不謂爲犧牲於炮火之下也。至中央通訊社之組織及發展經過，容於第五節述之。

第二節　背景與組織

或以通訊社之具有背景爲非者，其意若曰，凡有背景之宣傳，均偏於一方面，不能得公平之論調，但不知所謂背景者，又可別爲兩種，其以主義爲背景者，無私人意識滲雜於其間，吾人未可加以厚非，若專爲個人作政治上之活動，創一通訊社以號召羣衆者，則此種背景，爲任何人所不取。前之十年，通訊社爲個人張目者，所在多是，茲不復加以論列；惟後之十年，所有私人設立之通訊社，多傾向於主義或以政治勢力爲背景，至以個人爲與援者，爲數絕少，蓋時勢所趨，不得不歸於淘汰也。

所謂背景　通訊社之創辦，必先有其目的，作者前已言之。就一般情形而論，所謂具有背景之通訊社，不外下列四類：甲．屬於政治權力者，若政府機關所支撑之通訊社，月給津貼若干金，以爲經費之來源，所發消息，類多屬於半官性質，或尤有關係之事件，未使以公表方式披露者，亦由通訊社以探訪姿態送之報社。乙・屬於發揚主義者，若各省市縣所主辦之通訊社，以黨的立場，爲闡揚主義之喉舌，凡黨部所有設施，或其他有關於黨部之消息，多由其通訊社發表。丙・屬於團體方面者，若大城市之商會，工會以及其他金融團體所支持之通訊社是。此種通訊社，雖不必盡爲上述團體所設立，然主持者必與有相當之關繫，以爲擷取消息之資源。丁・屬於多方面者，此種通訊社，初不必有其主張，惟以求生存爲目的，故與多方面發生相當關係，各取津貼若干，用以維持其生存，或竟零售稿件，藉博些微收入，就事實言之，蓋以此類組織爲最無意識者也。上述四類，似各有背景，然力量與作用，亦各自不同，要以主持者活動能力如何爲斷。在報社方面，明瞭各通訊社之立場，於權衡稿件之際，亦藉此而知所抉擇，或認甲社消息之不足恃，則以乙社之消息證實之，於相互比較之下，亦有探得眞相之作用也。

無背景者　通訊社亦有不恃背景而專以營業爲目的者，此種組織，既無津貼來源，復無政治勢力，惟有在採訪消息上，致其最大之努力，求得獨特之新聞，以貢獻於社會。就新聞立場言，無背景之通訊社，言論既不受任何束縛，態度一以公正爲歸，如是方可傳達正確消息，建立適當輿論，此深合於報學原理之組織也。此種通信社，係合於時代化的，係進步的，於社會既取得信用，於報社尤有相當之協助，而通訊社本身之生命，亦可維持於永久，蓋根本與政治絕緣，不受任何方面之干預也。反之，若與有背景之通訊社相較，則恃政治勢力而生存者，時局當有變遷，藉各方津貼而維持者，來源每虞中斷，一經事故，卽遭影響，主持者昕夕奔競，但求迎合要人意旨，或竟以通訊社爲工具，希冀獵取祿位，欲求其在新聞上努力，是誠緣木求魚，終不可得矣。

組織一般　通信社之組織，規模大小，漫無準繩，每以資金之多寡爲轉移，作者既已前言之矣。但以一人而經營一社，凡採訪，輯編，抄寫之工作，俱由一人任之，究屬稀有之事。通常通訊社之組織，究不若報社之繁複，而設備方面，尤無需乎龐大之印報機，若得辦公室一二間，油印機若干架，與夫治事之桌椅，在設備上卽足以盡之。至人事方面，除社長一人，主持全社之事務外，並須有外勤記者數人，司採訪新聞之責，編輯一二人，任整理稿件之事，而抄寫人員，尤須有相當的經驗，蓋通訊社稿件，送諸報社，設繕印模糊，殊爲報社所厭惡也。又關於通訊社之業務，其範圍較小者，不過採輯若干消息，送之當地報社，其任務卽爲終了，若夫規模稍廣者，亦於外埠設置拍電員，報告最緊急之大事，或繕寄長篇通訊，以供各報之需，同時又可以本社所得之新聞，與各地報社特約，按日拍發電訊。此種通訊社，業務較多，所需治事人員，自亦較衆。當民國二十年至廿五六年間，上海私人所設之通訊社，且有於首都設置分社者，其勇猛進取之精神，殊未可加以忽視。猶憶首都有數次重要集會，滬上通訊社且派幹練記者，前往採訪消息，以最迅捷之方法，傳播各地，其治事之勤，寫稿之美，甚至駕凌各大報記者而上之，可知通訊社在此時期之努力，實顯著不少特異之成績也。普通通訊社爲增加收入計，又多附設廣告部，爲人代送廣告，以博取報社之佣金，或創辦出版部，發行時事刊物，以吸收大量之讀者，要之，通訊社爲傳播新聞之機構，業務範圍，組織繁簡，初

通訊社之新聞稿（一）

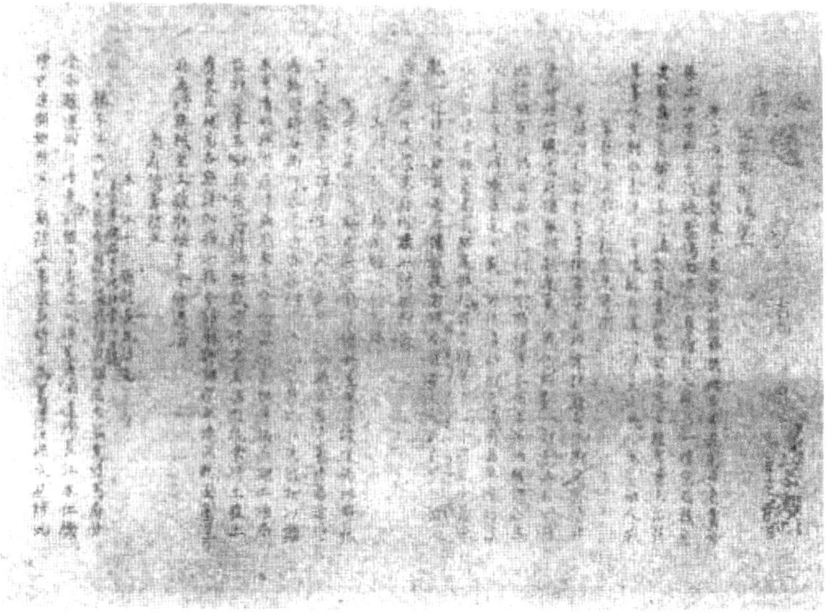

上圖爲中央通訊社之新聞稿，各地式樣，大致相仿下圖爲安徽省通訊社之稿件，內容注重於宣傳性質，信如本書第六章所言，內地之通訊社，多致力宣傳，或傳佈政令，或頌揚事功也。

通訊社之新聞稿〔二〕

重慶新聞編譯社稿

甘肅通訊

據數年前調查全國通訊社，總數計達三百餘家，若就地域言之，則各省市皆有，在數量上不可謂不驚人矣。上二圖之新聞稿，一為重慶，一為甘肅；而甘肅通訊之封面，尤顯露濃烈之地方色彩。

無限制，若處理得人，固自有其無窮之期望也。

第三節　各省市之通訊社

凡上所述，類多偏於大城市之通訊社而言，至較小城邑，及偏僻之省治，亦都有通訊社之設，言其作用，或以宣傳爲目標，或有名而無實，至能眞正傳播消息，以服務社會爲目標者，恐什不得一焉。各省市通訊社之情狀，可分別述之：

數量上殊足驚人　據數年前調查，全國通信社，總數計達三百餘家。若就地域分別統計之，則南京市三十三，上海市二十一，北平市二十五，天津市十三，靑島市八，漢口市三十四，江蘇省十二，浙江省十四，安徽省六，江西省八，湖南省十，河南省五，山東省十二，雲南省四，福建省二，廣東省四十五，廣西省二，四川省三十七，山西省三，陝西省五，甘肅省四，綏遠省三；至其他邊遠省市及東北四省之通訊社，尙無法估計，惟根據上述之數字而言，已達三百餘家，在數量上不可謂不驚人矣。再考查各通訊社所在之地點，除各省會必有通訊社外，其他交通較爲便捷之城邑，亦莫不有通訊社之設。此鉅數之通訊社，吾人殊無法獲知其內容，能否名實相符，能否以正確消息供給於報社，此誠爲極堪玩味之問題矣。

以宣傳爲目標者　惟吾人嘗於可能範圍內，研究上述各地之通訊社，則信如作者所言，組織規模，不必過鉅，資金豐儉，漫無準繩，有日發稿三四次，每次供給消息數十則者，有日發稿一次而新聞不過三五則者，至內地之通訊社，甚至每三日或一週始發稿一次者，標準懸殊，至於如是，而統稱之曰通訊社，故各通訊社之內容，誠難以究詰。若再進一步而考查各通訊社之性質，則殆莫不以宣傳爲目標，吾人嘗見各省會通訊社之稿件矣，其社名雖極普通，然主持之者，泰半爲政治上有力份子，或傳佈政令，或頌揚事功，而悉以新聞體裁出之，稿成之後，郵寄各地報社，至於是否採登，亦不暇計及，倘倖而揭載，則盈篇累幅，悉屬歌功頌德之詞，，宣傳目的，如願以償，彼輩之所謂通訊社者，其作用如是而已。抑尤有進者，各省會之新聞，希望刊載於京滬之報紙，如是可以一省之政績，傳達於中樞，降而下之，則各縣之消息，希冀於省會報紙中，佔一角地位，輾轉表彰，無非以刊佈新聞爲目的，而通訊社則爲一種工具也。

懸空名無實際者 上所舉列之通訊社，雖以宣傳爲目的，然猶有一機構之存在，至等而下之者，則併此機構而亦無之，不過懸一空名，以號召於當世而已。通訊社之作用，既如是其廣，而組織之範圍，又不拘一格，於是盡人皆思利用通訊社以爲快。按內地通訊社在數量上所以如是其衆者，實以各大報之訪員，分佈各地，此輩平日以稿件遞送各報，分別油印，數亦可觀，審知通訊社之名義，足以號召，乃懸此空名，而以社長自居。各地輾轉流傳，頓成風氣，甚至刊印名片，出入公門，於刺探消息之外，更另有企圖，此種無聊之輩，若嚴格論之，實不足稱爲記者者也。

第四節　未來之期望

在今日情狀之下，通訊社之是否具有力量，一以報紙能否採用其稿件爲衡，一若報紙之勢力，非常龐大，而通訊社則異常渺小，似非依賴報紙不足以圖存也者。但吾人研究報業之原理，則通訊社不應自甘菲薄，至於如是，蓋通訊社活動之範圍，或有超越於報紙之上者，何以言之，願申吾說：夫報紙之範圍，不論其擁有若干之讀者，亦不必研究其內容之若何精彩，但其活動之範圍，僅限於一報，換言之，除報紙本身以外，其活動之地域，決不能及其他，彰彰明甚。若夫通訊社則不然，其活動之範圍，初不限於一報，且不限於一地，更不限於一國，只須有詳確敏捷之消息，隨時以電訊傳達各處，可使舉世爲之震驚，其影響於經濟文化與國家民族者至大，此種功能，絕非報紙所能爲力。吾人默察歐美各國通信事業之勢力，當知通訊社之前途，遠在報紙之上。中國通訊社，從未有大規模之組織，故至今停滯不前，對於國家，初未有若何之貢獻，吾人爲通信事業前途計，推想未來，彌殷期望，實有不容已於言者。

當前使命　吾國之通訊社，均係少數從事報業者組織而成，資金既感枯竭，計劃自極渺小，所發稿件，每爲地域所限，唯一之任務，僅在搜羅當地消息，供給日報之需，一若通訊社爲報社之附庸者然。吾人若觀察世界大勢，國內情況，則通訊社當前之使命，實非常重大，彼歐美諸國之通訊社，莫不於全世界各地佈置通信網，於一國一社主義之原則下，努力爲國家司喉舌，每遇重大事件發生時，長篇電訊，振振有詞，舉世之人，讀此消息，莫不爲之聳動。吾人處今日國家財力困窘之際，欲組織大規模之通訊社，作國際宣傳，在事實上殊不可能，卽發此議論，似亦嫌空泛。依作者個人意見，按照目前實際需要，則當前使命，應先從佈置國內通訊網入手。凡國內重要城邑，以及邊遠各地，均設置通訊員，每日各以消息互相傳遞，如是則國內消息，可以自給，不必仰賴於外人之通訊社矣。至於國際宣傳，可於駐外之使領館中，設置富有經驗之情報員數人，隨時以國內消息，譯成各該國文字，用迅捷方法寄遞，轉送報紙揭載，能附以親切有味之圖景尤佳。至較爲重要之消息，自應以電報傳達，務期國內外情形，不感扞格，此爲第一要着。目前駐外使館人員，所藉以獲知國內之消息者，除政府官報外，餘均外國通訊社之電訊，略而不詳，復多其他作用，欲求自身明瞭，倘慮不足，遑論宣傳，故情報員之設，似亦未許或緩者也。

擴大組織　上述辦法，將從何着手乎？由政府辦理，抑由私人之通訊社主持之乎？曰，政府辦理，固無不可，但中國新聞事業，尙不宜由政府統制，如歸政府舉辦，或慮限制過嚴，在新聞作用上失去活潑之姿態，反爲不美，故不若由私人通訊社負此重責之爲愈也。至進行之法，似宜仿照各國成例，組織聯合通訊社，即由各省市之有力通訊社，合併組織，成爲一個通訊社，於交通便捷，兼爲政治經濟中心之大城中，成立總社，其餘原有各地之通訊社，概爲支社。關於整個通訊計劃，槪由總社重行策劃支配，其最爲切要者，即僻遠之地，邊疆要邑，雖不能遍設支社，但即須遣派得力記者，隨時傳遞消息。或以中國疆域廣大，管轄統制，有非總社所能優爲者，則又可以全國分爲若干區，區以下之通信網，應管理若干分社；而各分社之要訊，可先集中於區，區與區間之消息，應如何傳遞，自不難善爲規劃矣。如是組織，則一日之間，消息往返，絕無扞格，舉凡國家政令，經濟文化，雖不由此傳播，譬之人身，脈絡貫通，血液充沛，此極健全之組織也。惟關於交通方面，若新聞電費之減低，航空郵遞之聯絡，自須政府多方協助，始收指臂相聯之效。至上節所述駐外使領館中之情報員，雖應由政府指派，但消息之供給，則由此聯合通訊社任之；而國外消息之關於我國者，情報員隨時電告，似又必須由通訊社轉佈全國者也。

登記辦法　果如上之所述，通訊社能擴大組織，化多數無勢力之通訊社，一變而為具有新聞權威之機構，固屬通訊社之幸事，抑亦國家新聞事業前途之福，惜乎此事尚有待於推動也。惟吾國通訊事業，根據近年統計，已有三百餘家，種類不齊，份子複雜，徒具空名，毫無實際者，又若是其多，即使組織聯合通訊社，亦只得擇其信譽稍佳者，約令加入，其餘之通訊社，勢難盡為容納，其將任令繼續存在，藉以號召，用作一己之私圖歟？曰：是則絕對不可能也，應訂具體取締之法，限期消滅，蓋聯合通訊社成立後，具有無聊作用之小通訊社，如任其存在，反足為整個通信網之障礙，似宜有以肅清之。

至取締之法，亦復易爲，只須由政府嚴訂登記辦法，若發稿之限制，資金之數額，在在均可爲取締之資，固毋待嚴繩以法律者也。在昔中央宣傳部本訂有登記辦法，條例甚寬，初無考覈，故凡從事報業之人，薄具經驗，籌措一二百金，便可創一通訊社，以社長自居，陳請登記。夫條例稍涉寬縱，倖進者即以此爲工具，於是通訊社創立三百餘家，益顯其光怪陸離之致矣。

第五節　中央通訊社

雖然，吾國通訊社事業，在最近八年中，有一奇跡焉，即中央通訊社之卓著懋績是也。作者於敍述若干通訊社之餘，更不得不舉所知，以彰中央通訊社邁進之精神。考中央通訊社成立於民國十六七年間，爲中央黨部所主辦，以主持者未得其人，殊無成績可言，總社設於首都，在上海亦曾立有分社，所發稿件，初無特異之處，亦與普通之通訊社等耳。至民國廿一年夏，始由蕭同茲氏主持，一度改組，積極設施，於是國內之通信網，粗告完成，國內各大報之消息，幾無不以中央社之馬首是瞻，此誠空前未有之盛事也。

確立宗旨　中央社於廿一年夏季改組之初，有一事値得吾人稱頌者，厥爲宗旨之確立。主持者於受命改組之際，絕無其他奢望，惟以三事自矢，亦卽爲該社此後宗旨之確定。三事者何？一・中央通訊社雖由中央黨部所設立，但總社社址，不須在黨部之內；二・關於組織，須容主持者自由支配，務使形成一個全國化之通訊社；三・通訊社言論政策，在中央黨部指導之下，應具有半獨立精神。此種政策，既獲當局許可，於是努力進行，始無阻礙，在改組之第一年內，中央社總社成立於首都，裝置最新式之無綫電收發機，其能力足敷全國各地收發之用，此國內通綫網之基本建設也。吾人於此有不得不稱頌中央社者，卽中央社所發稿件，確含有新聞價値，而爲全國各地報紙所不得不採用者，在讀者方面，對中央社所發之消息，亦認爲翔實可靠，初無任何作用也。且中央社之宗旨，認定國家之利害，高於一切，絕對不爲私人或政治勢力所利用，吾人審察其過去之成績，知其於改組之初，即確定宗旨，不得不謂主持者之具有卓見也。

進展步驟　中央社總社之基礎既立，遂於民國廿三年，逐步推行其全國通信網之計劃；言其計劃，係以全國分爲五區，設上海分社爲華東之樞紐，平津分社爲華北之總匯，漢口分社專轄華中之事，而香港分社則司華南消息；更於西安設一分社，以爲西北一切消息之淵泉。五分社既後先設立，全國第一步通訊網，可謂爲完成。次年（民國二十四年），復於贛之南昌，川之成渝，黔之貴陽，粵之廣州，各設分社。爲求通信網完密起見，又於不設分社之重要城市中，添置訪員，以謀聯絡，堀其總數，凡三十五處之多。民國廿五年，東京分社成立，遴選馳譽當世之記者，長川駐日，供給正確消息，此蓋吾國於國外佈置通信網之先聲也。此外，就作者所知，中央社嘉惠內地報紙，供給正確消息，其功效亦殊不可湮沒，蓋內地報紙，因財力所限，未能於重要城市，遍設訪員，故國家大事，無由得知，而內容遂多偏於里巷瑣聞，渴知家國大事者，遂不得不竚頸以待外埠之報紙矣。中央社有鑒於此，每晚於電台播送消息，惟所用者概爲電碼，內地報紙，只須購電碼一本，（電碼每月更易，概爲密碼）備收音機一具，逐夕收聽，其所獲得之新聞，與大城市之報紙無殊，於是內地數千萬讀者，亦可於翌日熟知一切重要之事，其功用之鉅爲何如耶？中央社於世界大事，亦多所注意，如民國廿五年世界運動會集會於德之柏林，遣派記者，赴德採訪，一切競賽結果，隨時傳達國內，悉以中文繙發各報，獲得無上之聲譽，各報記者，每夕羣集收音機畔，且得親聆中央記者播送之詞句焉。廿六年夏，中日戰事爆發，中央社前綫記者，絡繹就道，傳遞戰訊，出死入生，其爲服務社會之精神，誠有足資矜式者。

譯發外電　中央社於國內通訊網，既已佈置完成，更進一步而與在華之外國通訊社相互聯絡，交換消息。法之哈瓦斯社最初設分社於首都，自與中央社交換消息後，即將分社取消，哈瓦斯之外國電訊，即逕由中央社代爲轉發，行之甚久，互感便利。至二十七年夏，上海之外國通訊社，若英之路透，法之哈瓦斯，悉與中央社訂立契約，所有該兩社之中文消息，均以中央社名義遞送各報，蓋經過此種步驟後，外國電訊，散佈各地，權操自我，毋慮其或具有作用也。

最後作者猶願略述國民通訊社 Kuo Min News Agency 之工作，以示吾國之對外宣傳，初亦未曾忽視也。國民社成立於民國十六年，譯述國內之重要消息爲英文，以爲海外宣傳之用。該社又與美之美聯社 United Press，德之海通社 Transocean News Agency 締約，爲兩社譯發中文消息，但只限於上海租界之報紙，未能普遍及於全國耳。

第七章 新聞廣播

第一節 新聞廣播之作用

近年以來，各國政府莫不於無綫電廣播事業，致其最大之努力，國有廣播電台，電力強大，爭雄於天空之中，放音於宇宙之內，傳佈政令，發遞消息，家喻戶曉，無遠弗屆，此誠科學界之奇蹟，二十世紀之盛事也。無綫電廣播，作用甚溥，毋俟詞費，茲所欲言者，僅以新聞廣播爲限。近代報紙，於探訪消息，力圖迅捷，印刷發行，尤稱神速，凡足服務社會，造福公衆者，幾無不竭力爲之，但其結果，則報紙傳遞消息，未有能如無綫電廣播之迅捷者。我國播音事業，雖亦甚爲發達，但各電台對於播送新聞，並不重視，尚未與報界成對壘之形勢，而報業之發展，且有利用廣播消息爲之輔助者。茲先以新聞廣播之作用，列舉如次：

超越時間空間　茲以無綫電廣播新聞而論，其目的係以最新鮮之消息，報告於若干聽者之耳鼓；而報紙之作用，係以正確之新聞，印諸紙上，直接送達於讀者之眼前，此兩者之方法，雖有未同，然服務公衆與報道之使命，則絕無二致。然自無綫電之效能言之，則瞬息之間，新聞傳播，非常迅捷，遠非報紙所可相比。通常報紙之採訪新聞也，無論晨報夜報或午報，於獲得消息後，必經過寫稿，排印，發行，諸程序，然後始可直接入於讀者之手，故無論報社設備如何近代化，印報機飛馳如流水，但報紙出版，距離新聞事件發生時，必在一二小時以後，此猶指當地之讀者而言，至於外埠之讀者，縱有極端便捷之交通，報紙從飛機火車或公路傳送，但讀者得知此項新聞時，又必在數小時或一二日以後；若中國交通不便之僻遠地方，既無地方報紙，足以購閱，則讀者欲明瞭一重大事件，勢非在一月以後不可，是新聞已變爲舊聞，在報道原則上，已完全失却意義矣。若夫無綫電廣播則不然，其機構作用，係超時間與超空間的，設播音電台具有高强之電力；而收聽者又有完美之收音機，則雖在萬里之外，亦可傾聽於斗室之內，故印報機速度雖迅疾如流水，以與無綫電廣播比較，終有望塵莫及之感，質言之，印報機惟有自認絕望耳。更就報道之意義立論，無綫電所廣播之新聞，多爲新鮮事件，且直接入於聽衆之耳，次日讀報，所有一切重要之新聞，已於先一夕知之，讀者又何需於報紙耶？

報告突發事件 不甯惟是，讀者更有亟欲先知之事，而坐守於收音機旁者，譬之美總統嘗利用無綫電廣播，作爐邊閒譚，當演講之先一日，必宣告於某時某地開始廣播，一屆此時，美國人士，勿論遠近，均守候於收音機畔，恭聆總統之宏論，縱有冗長之講稿，由本人親自廣播，亦當於最短時期內畢事，吾人試一思之，報紙記者，於總統演講之際，振筆疾書，將此稿刊於次日之晨報，讀報者雖未能斥報社爲多事，然自首至尾，再詳爲閱讀者能有幾人？即使有之，亦不過認爲已知之事，更作一度研究而已。再以中日戰事爲例，當上海戰禍爆發之際，避居租界之人或各地關心戰局者，莫不惴惴然於戰事之勝負，此時之報紙，已盡量發刊夜報與號外，隨時報告戰訊，然一般人士，猶感遲緩，諸知無綫電台於規定時間內報告戰況，於是羣集收音機之四周，靜聽消息，其沉默嚴重之情狀，或爲一般人所不易忘懷，甚至鬧市之中，重要戰訊，亦自收音機播傳而出，途人結集，神態緊張，得失之間，哀樂並作，此種求知慾之表現，蓋亦人類應具之天性也。於此吾人可知，凡突發事件，欲立時報告於大衆者，捨以無綫電廣播外，別無他道。

地方報紙材料　無綫電廣播更有造福於地方報紙者，蓋以普通人之財力，欲購一完美之收音機，或有所未能，故非盡人皆可聽得重要之消息也。地方報紙，在前十年中，向感消息缺乏，多以里巷瑣聞，充塞篇幅，而於國家大事，獨付缺如，此亦由於無力購致電訊，作者前已言之。自無綫電播音發揮功能後，地方報紙只須備一收音機器，卽可採取豐富之消息，貢獻於讀者。近年以來，地方報紙，日趨發達，內容取材，漸有可觀，得謂非無綫電收音機廣播新聞之所賜耶？

報告員與聽衆　無綫電廣播之作用，既如上述，更有不得不論廣播報告員與聽衆之關係者，蓋報告新聞，與在稠人廣座中作公開之演講不同，聲調既未可偏於高昂，情緒又無需乎激越，且因播音器之結構，報告員之距離，與發音之清濁，均有密切之關係，故電台能得一優良之報告員，不啻報社中有一幹練之外勤記者者也。美國新聞廣播事業，年來極度發展，一般從事報業之記者，多薄舊業而不爲，棄打字機而入播音室，甚至有「將來之新聞記者，非特需要行文優美，抑具需要口齒伶俐之言， The Journalist of tomorrow may be advised not only to learn well, but to talk well可知新聞播送，全有恃於卓異之報告員也。美國芝加哥論壇報之記者吉彭士君 Floyd Gibbons，於播送新聞之際，每分鐘可讀二百十七字，聽者聞之，猶異常清晰，不感厭倦，至普通報告員之播送，每分鐘僅得一百二十五字而已。報告員之所貴者，在乎將新聞情節，婉轉陳述，使聽衆樂此不疲，爲所感動，除此之外，猶須聲調爽朗，逐字逐句，無不正確，果能如是，方可獲得聽衆之贊許。中國方言，素極複雜，從事廣播，自不易爲，普通電台所僱用之報告員，能操北平語言者，即爲上選，就作者所知，首都中央廣播電台，每日報告新聞，分用國語，粵語及馬來語數種，故全國各地以及南洋羣島之華僑，莫不有接聽無綫電播音之機會，諸報告員中，尤以操北平語之女子，最爲親切動聽，所述新聞，井然有序，凡備收音機者，定能熟知此君之聲浪矣。

第二節　妨害報業之發展乎

於此有一極嚴重之問題，不得不加以研究者，卽無綫電廣播事業，日趨發展，抑足以妨害整個之報業乎？綜上所述，無綫電廣播，旣有超時間超空間之特質，而報告突發事件，尤爲公衆迫切所需要，且陳述消息，多爲新鮮的，直接的，報紙縱竭盡智能，以與無綫電相抗衡，亦復無濟於事，事實顯然，奚待詞費？雖然，此一問題，亦經過若干專家之討論矣，根本之異點，厥爲無綫電播音，隨聲浪以俱杳，絕無跡象可尋；而報紙之記錄，則永久存在，事後不難覆按，各具特質，未可一概抹煞，緣就諸家之說，一伸論之。

報紙為近代史料　吾人應先自無綫電播音之一般作用言之，無綫電播音之起始，係放送娛樂節目，以供各級人士消遣之需，其後流傳愈廣，廣告作用，亦隨之而起。但日夜播音，不能盡為消遣之事；於是名人演講，報告新聞，以及與人生有密切關係凡足以利用無綫電者，均相繼而起，故嚴格論之，新聞廣播，不過為播音節目之一，換言之，播送新聞，非有音樂或其他節目滲雜其間，決不能調劑聽衆之情緒也。執是以觀，新聞廣播，在本質上，有必需之條件四：一，所報告之新聞，必須大衆感覺興趣；而為各個聽衆所欲知之事，二，廣播新聞之時間，不能過長，通常以十五分鐘至二十分鐘為度，三，每段新聞之情節，不宜過於複雜，否則聽衆之腦經，易於混亂，四，新聞中生僻之人名地名，不易解釋清楚，必須儘量避免。吾人再就以上之條件，加以研察，應知報紙之內容，廣博而詳明，所刊佈之新聞，固以大衆趣味為準則；但比較偏於某一階級之事件，亦酌為揭載，以求適合多方面之需要，此其一。報紙新聞之長短，一以新聞本身之性質為標準，凡趣味濃郁者，不厭其詳，絕無限制，此其二。情節複雜之新聞，若由寫稿者施以相當技巧，寫成引人入勝之文字，則讀者當愛讀之不暇，非若無綫電廣播之避煩就簡也，此其三。至人名地名之生僻者，在廣播時固不易解釋，然於報紙，則絕對不成問題，此其四。總之報紙爲近代之史料，隨社會以演進，絕非廣播之隨時消滅，毫無記錄可尋者也。

發揮公正之輿論　無綫電之廣播新聞，與報紙之刊佈消息，同爲公衆服務，其目的一也，惟無電綫則比較迅捷，而報紙必須經過印刷，發行之階段，始入於讀者之手。在美國方面，新聞廣播，發展神速，經營報業者，惴惴然不能自安，名記者好華德 Roy W. Howard 有言曰：『新聞廣播，一無關重要之事也。惟報紙之評論，乃最切要，且不可一日或輟者。倘報社亦建一電台，以明晨所刊佈之新聞，於今夜先爲報告，其愚尤不可及，吾儕保持報紙應有之權利』。按好華德之言，蓋以無綫電恃其速率，爲優勝之條件，所廣播之新聞，必求立刻發生之事，始有價值，故決無餘裕之時間，發揮公正之輿論。以作者之眼光觀之，一報紙建立公正輿論，爲社會所信仰，必非一朝一夕之事，有輿論始有權威，無綫電既不能建立輿論，又何從取得權威耶？

就價値與便利論　抑尤有進者，無綫電廣播節目，以音樂爲主，既如前述，而公衆之視無綫電，猶屬一種娛樂品，且收音機價值較昂，未能人置一具，此不可否認之事實也。報紙則如何？曰，報紙最高之價値，不過數分，凡屬識字之人，日購一份，當爲能力所及。報中所載，包羅萬象，凡世界演進之事，莫不盡情以告，非無綫電所能望其什一，故收音機非所必備，而報紙則不可一日不接晤也。且收音機僅能裝置固定之所，如欲取擕，至形不便，吾人爲欲明瞭新聞，勢不能坐守家中，以待播音時間之至，惟報紙則隨處可得，就地可讀，以與收音機相較，報紙嘉惠公衆多矣。

且可助報業發展　根據以上所述，新聞廣播，決不足以妨害報紙之發展，已彰彰明甚，更進一步論之，無綫電廣播，非特無害於報，抑且足以助報業之發展，何以言之？可取美國之廣播事業爲證。美國於新聞廣播極度發展之際，報業異常嫉視，雙方爭論頗烈，有白君 Paul W. White 者，於一九三三年斥鉅資建立電台，作廣播新聞之用，偏紐約名記者盎格奈Edward Angly (New York Herald Tribune 記者) 主持其事，於華盛頓，芝加哥，洛杉磯以及法之巴黎，英之倫敦，蘇聯之莫斯科等設置機關，互傳消息，所有新聞，均經採訪而得，初非仰賴於他人，每夕可報告重要事件二十五則，且於十五分鐘畢事，一時成效大著，莫可與抗。其後報業與播音業成立協定，設置『報業無綫電局』Press-Radio Bureau 所有新聞，概由美聯社 Associated Press，合同社 United Press，及國際新聞社 International News Service 等供給，並規定廣播範圍，以特殊性質 (transcendent) 者為限，且力求簡短，以期與報紙無所衝突也。凡茲所言，俱足證明新聞廣播與報業無所妨害，如互為利用，且可助報業之進展。就中國廣播新聞而言，以方言之龐雜，遠不及文字之統一，無綫電聽衆苟聽得不詳盡之播音，當更取報紙讀之，以求快意也。

第三節　我國新聞廣播近狀

中國各地之商辦電台，對於新聞廣播，向不重視，蓋普通商辦電台都爲營業着想，每日除以游藝節目，若唱片，滑稽，話劇，故事，小曲，平劇等播送外，其餘之時間，偶或廣播新聞，惟新聞節目，既不爲主要之材料，復未能自訪消息，故所廣播者，未必正確可靠。但於中日作戰時，各電台爲適應聽衆需要起見，以大部份之時間，報告戰訊，一時競爭甚烈，此爲廣播新聞最發展之時期。至中央廣播電台爲國家所設立，以播傳消息爲唯一任務，自收若干之效用。近頃各地報紙，爲推廣銷路着想，亦多以次晨之消息，於先一夕報告於聽衆者。茲分述之如次：

報社自播新聞　上海報社之自設電台者，以申報館爲首創，時在民國十四五年間，與美商開洛公司合作，設一轉播電台 Transmitting Station，每日廣播新聞兩次，其時裝置收音機者不多，雖感覺新奇，但未有若何之進展，蓋以機器爲值甚昂，而電台又復寥寥，故聽衆不甚踴躍也。迄至最近數年，無綫電播音事業，在中國突飛猛普，一二規模較鉅之報紙，爲謀進一步服務公衆起見，多特約廣播電台，每日報告新聞若干次；其財力比較雄厚之報紙，且建立電台，從事廣播。至廣播節目，自以新聞爲主體，而尤注意於突發事件，此外若航輪之來去，金融之升降，競技之消息，以及新奇有趣之社會動態，莫不隨時報告，以博讀者之歡心。此種廣播，係含有宣傳性質，蓋報紙既以新聞先時報告聽衆，自與聽衆多一接觸之機會，爲推廣銷路計，亦屬最有意味之策略也。

商辦電台廣播　商辦電台廣播新聞，遠在報社自播之前。此等電台，素以營業爲主恉，播送節目，首重游藝，而大部份之時間，又專供商店作宣傳之用，詞句既欠雅純，且復刺刺不休，在效果上言之，似無何等值價。惟一二具有遠見之電台，以爲長此以往，於聽衆殊無若何之貢獻，不謀改進，恐失去羣衆之信仰，於是始設法廣播新聞，藉圖振作。以言新聞之來源，則又不自採訪，遂轉而求之於報社，日遣專足，索取簡短消息，寥寥數言，聊資應付，其較爲重大之事件，報社多力自矜秘，未肯公開。電台既無特殊新聞，聽衆轉覺索然，故積日稍久，電台幾無若何消息，足以放送，而聽者亦以聆取此無聊之事件爲可憎，商辦電台之新聞廣播，未能持久，蓋亦有由來者矣。

戰時廣播一瞥　中日戰端既開，各地民衆，關懷大局，莫不亟亟於聆取戰事之消息，重以交通阻梗，報紙寄遞，極形濡滯，於是無綫電遂爲唯一傳播戰訊之利器矣。當此時也，娛樂節目，驟形減少，國危至此，亦復無心作樂，所有歌曲，悉屬救濟難民與激發情緒之詞。各電台因時代關係，復以全副能力與全部時間，努力於戰訊之播送，而聽衆亦視收音機爲摯友，集聚其旁，未肯他適。至於內地民衆，則多趨往相識之商店，摒息勿聲，靜聆勝負之局，其一種悲喜交集之神情，冷眼旁觀者，往往爲之墮淚，作者執筆至是，亦不禁具有深感焉。惟各電台廣播之消息，除中央及李迪部電台採取正確可靠之消息外，其餘商辦電台，每摭拾傳聞之詞，張大其說，徒養成聽衆誇大之情緒，而於整個之戰局無補，斯則至可惋惜者也。

第四節　中央廣播電台

中央宣傳部爲加强宣傳力量起見，除辦中央日報，中央通訊社外，復舉辦一大規模之中央電台。台創立於民國十七年，以無綫電專家吳寶豐氏總攬其事，經營擘畫，煞費苦心，成效卓著，非偶然也。電力最初爲五百基羅瓦特，至民國二十一年增至七百五十基羅瓦特，電力高强，在遠東殊無其四。十年以來，爲國家司喉舌，發揮無上之權威，亦新建設中之最有成績者。玆就中央電台廣播新聞之情形，略一述之。

新聞之來源　中央電台之消息，全由中央通訊社供給，社之通信網，旣密佈全國，復與路透，哈瓦斯等外國通訊社交換新聞，故全國各地以及全世界之重大事件，悉網羅無遺，中央電台得此大量豐富之新聞，自不有匱乏之虞。各地聽衆，咸認爲正確可靠，一至規定播音時間，多傾聽不倦。中宣部之宣傳計劃，旣有通訊社搜羅全國之消息，復有中央日報爲之刊佈，更以電力高强之電台，從事廣播，社與報及電台雖各謀發展，不相統屬，然在整個策略之下，互相聯繫，具有三位一體之作用，而尤以中央通訊社爲報與台之基礎，供給消息，源源不絕，此誠極有價值之機構也。

播送之方言　中央電台既訓練優良之報告員，從事廣播工作，復以中國方言，未臻統一，乃分用國語，粵語，馬來語分別於規定時間內廣播，務使寄居各地之中華民族，均有聽得國家重要事件之機會。此外，更爲對歐美各國宣傳起見，並按日以英語報告，關於此點，吾人雖未知是否有顯著之成績，但注意遠東事件者，自必聽此消息，以爲研究之資料也。中央電台又於每日午夜，將一日間重要之消息，彙總重複報告，逐字逐句，務求清晰，其生僻之人名地名，尤解釋明瞭，使聽者毫無隔閡。此其用意，蓋爲內地報紙而發；播音之際，內地報社之記者，坐於收音機旁，振筆疾書，可作爲次日報紙之材料，與其他各地大報所收得之中央社電訊，絕無二致，此種辦法，良足稱道也。

播時事演講　中央電台除每日按照規定時間播送消息外，又時作有系統之時事演講，其方法係以一週間演變之大事，就縱的方面，重爲演述，使聽衆有整個之印象，並以事態發展，瞬息萬變，就國家及整個民族之立場，均有闡明態度之必要，於是卽以事件之經過，從各方加以精密之觀察，然後下一嚴正之批評，庶幾民衆方面，不爲外論所搖撼。美國名記者好華德特 Roy W. Howard 謂無綫電無評論，此就一般商辦電台情形而言，非所語於我國之中央廣播電台也。

除中央廣播電台外，其他各省市亦多自建電台，實伤一省一市之政聞及突發事件，以作者所知，浙江省及上海市之廣播電台，最著成效。又交通部於上海亦設置廣播電台，甚多精彩之節目，關於新聞之播送，素極致力，因併及之。

第八章　地方報紙

第一節　地方報紙之性質

本書前此所述報業之情狀與夫改進之程序，係指大城市之報紙而言。大城市之報紙，規模比較宏大，組織比較複雜，所發言論，足以左右時局，且因環境優越，營業發展，故能暢銷全國；論報業者，率以大城市之報紙爲範疇，殆亦必然之理也。茲所述之地方報紙，乃爲各地方所辦之報紙，以一省或一縣爲銷行區域者。此種報紙，其規模雖不能與大城市之報紙相比擬，但報道使命，自有其價值，未許忽視；重以年來各地方報紙，競謀改善，頗著成效，亦至堪注意之事，用是先述地方報紙之性質，再及其他。

一般的情況　地方報爲環境所限，其銷行範圍，類只及於一省一縣，其在省會之地方報，規模又視一縣之地方報爲鉅，或以背景關係，能推行銷路於全省。至一縣之報紙，只能向鄉村發展，若識字之民衆較多，尙可廣爲發展，否則只供城區人士閱讀，多則印行千份，少只數百紙耳。地方報紙之版式，亦仿大城市報紙之所爲，昔爲六批者，今已改作八批十二批，昔爲分區編輯者，茲已易爲綜合編輯，總之各大報苟有更革之處，地方莫不立時仿效，以迎合時代之潮流，蓋內地風氣閉塞，自未可以創造能力相責望也。以言各報之張數，則廣告不多，新聞缺乏，日出二張或三張者，究屬少數，普通以一張爲度，甚至根本採用小報格式，以節紙張。又或蕞爾小邑，交通不便，文化水準低落，本城無印刷機關，須委託鄰縣代印，則又視情勢之需要，只出三日刊或週刊者，吾人若能廣爲搜羅，將全國各地方之報紙，陳列一堂，則形形色色，必大有可觀也。地方報之營業，初不恃廣告收入，作爲開支，其商業比較發達之地方，猶可獲得少許廣告，裝點門面，惟定價低廉，出乎意外，間有一二地方報紙，鄰近上海者，亦多請託上海之廣告公司，代爲招致香烟藥品等廣告，其刊載方法，不以所佔篇幅大小爲取值之標準，僅規定月給刊費若干，銷路稀少，効力自微，非若大報之可以日銷十餘萬份相號召也。更須一述地方報新聞之來源者，在昔各報原無國家大事之紀載，此因交通阻梗，消息末由傳遞所致，今則中央通訊社密佈通信網，而中央廣播電台又復發揮其放送新聞之功能，故地方報之內容，頓改舊觀矣。

由黨部經營者　考地方報紙發達之原因，得力於黨部者半，蓋黨部組織，原有宣傳一部，欲言宣傳，自非從報紙着手不可，於是省黨部主持下之報紙，銷行於全省，縣黨部之報紙，暢通於一邑，雖全國各縣，不必盡有報紙，然省會所在之地，必有一規模較備之報紙焉。茲以報業最發達之江蘇省而論，由黨部經營者，計分為二種，一由省黨部直接派人主持，一由各縣縣黨部自行主辦。省黨部復鑒於各縣黨報偏於一隅，力量薄弱，不足以喚起羣衆，乃劃全省為六個報區，計設蘇報區於鎮江，吳報區於吳縣，通報區於南通，淮報區於淮陰，海報區於東海，徐報區於銅山，惟以經費困難，僅蘇報，徐報，淮報先後發刊，其他三區，猶未及實現。至蘇省之縣黨報，則六十縣中，有四十餘報之多。浙江省方面，地方報之由黨部經營者，亦復稱是。其他各省，雖無法得其統計，但除非處境特殊無從經營外，亦必有一二地方報統制於黨部者也。

由私人經營者　私人經營之地方報，在環境上似未及黨報之便利，但或以歷史關係，已得讀者之信用，或以政治背景，亦能獨樹一幟，又或因地方文化發達，同時兼有數報，可並行而不悖者，要之，各地方均有特殊情形，未可强爲定論也。按私人報紙，資金厚薄，初無準繩，若不備機器鉛字，由印刷所代印者，則雖寥寥數百金，亦可刊行報紙，以記者名義，號召於鄉里。在昔出版法未頒布前，報紙原無登記之規定，任何人皆得集資辦報，流品既雜，報紙內容，遂一無可觀，狡黠者反以報自重，甚至出入公門，以報紙爲牟利之工具，此種現象，幾所在多有，不復贅述。近年以來，政治纔上軌道，出版法限制復嚴，此等有名無實之報紙，似已歸於淘汰；更以時代巨輪，前進不息，報紙內容，競圖改善，非努力從事者，自無立足之餘地矣。

第二節　近年進展之一瞥

報紙爲時代之讀物，自須隨時代以進展，大城市之報紙，因社會進步，交通便捷，於時代巨輪推進之中，順自然之趨勢，作不斷的改革，此爲一般人所公認者也。地方報紙，於最近十餘年來，亦以潮流激盪，認識報紙之使命，相率戮力，以求精進，內容外觀，頗改面目，此其現象，足爲社會百般事業進步之明徵，匪特報業本身而已也。吾人欲研求內地報紙進展情况，則應加說明者，奚止萬端，茲僅就顯著之事實，分類舉例，一一討論之。

關於內容　內地報紙曩者對於國家重要事件，多甚忽視，認爲此種消息，爲內地報紙所不應有，抑且所不能採訪而得者，故所刊佈之新聞，泰半爲里巷瑣屑之事。關於政治消息，在省會者以省政府爲最高對象，至一縣一鄉之報紙，則縣政府之設施，爲充實篇幅之唯一資料。至於工商業之興替，各社團之動態，亦未能予以注意，故內容異常枯窘，不足以饜讀者之望。且內地報紙，於新聞採訪，向未講求，消息紀述，按照新聞原理，亦殊多未合。自中央廣播電台廣播新聞以來，各地聽衆，發生極大興趣，內地報紙，始有一極大之轉變，紛以廣播消息，記錄刊載，其更求進展者，復與中央通訊社訂約，購致電碼，亦自無線電收音機中收取電訊，於是內地報紙無力自備電訊者，至是亦有政治軍事之消息，充塞篇幅，與大城市之報紙，一爲比較，似無軒輊。內地報紙之版式，向極呆滯，自各大報改爲八批與十二批後，亦頗能利用地位，改作長短行之排列。至於編輯技術，標題製作，多善於揣摩，競相改革，且能從多方面研究，以保持其固有之特色。以言印刷，則初期之地方報紙，有用人工繕寫，以有光紙石印者，今已悉被擯斥，茲已自備小型機器，與各種不同之鉛字矣。又往者內地報紙，排植新聞，喜用四號字，茲已改用五號字，標題排列，亦多易較大之鉛字，以求醒目。內地報紙，於評論一欄，向者極力注意於一省一邑之事，於國際及國內政治諸般問題，素少主張，近年亦變易作風，有時以歐洲及國家之重要事件爲討論之對象。凡上所述，均爲內地報紙近年進步之明證，稍加注意者，類能道之，絕非作者個人臆測之詞，於此可知內地報紙重大之轉變，蓋已從狹義的地方觀念，進而發廣義的報道使命，此種現象，足以反映社會之進步，誠值得吾人之注意也。

銷路擴展　往者內地人士，多樂閱大城市之報紙，非有愛於遠道之大報也，蓋以大報內容充實，言論公正，欲知世事，捨此以外，別無可求，縱報紙到達，時越兼旬，猶披讀不倦，故各大報之銷路，遍及國內，無遠勿屆。此種特殊發展，在歐美報業先進諸國，殊不多覯，良以各地皆有消息靈通之報紙，不待求之異地也。惟內地報紙近年力謀進步後，各大報之銷路，乃受一重大打擊，但此種現象，今猶未普遍發展，僅江浙兩省，有此趨勢。各大報亦知欲保持原有銷路，非於寄遞方面，力求迅捷不可，故昔之利用火車寄遞者，今且自備汽車，直接運送矣。考內地報紙之銷路，向只及於一邑，即省會之報紙，亦不爲讀者所重視，自內容改革，增加電訊後，讀者致其信仰之忱，以爲訂購大報，需時較久，所獲知之消息，與地方報相等，並無若何特別之點，反不若直接訂閱一地方報之爲愈也。地方報紙得此機會，益於銷路方面，竭力改善，紛就勢力範圍以內，創設分館，且實施種種方法，使大報難與競爭。在省會發行之報紙，均具一宏願，希望於本省勢力範圍之內，竭力推廣報紙銷路，縱不能使各大報立時絕跡，但切願其銷行日蹙，凡茲所言，俱爲過去之事實。各大報以銷路爲廣告之命脈，目覩內地報紙發展，危機日迫，輒謀振刷之道，未來之爭競，將愈益劇烈矣。

覺醒民衆　內地報紙，年來進展甚速，足爲社會進步之明徵，作者前已言之，論其影響，則最顯著者約有二端：內地民衆，地方觀念極深，除一家一鄉外，對於整個國族之意識，向極漠視，茲藉報紙之啓發，知整個國族之安危，爲一鄉一邑安危之關鍵；國族之利害，實高於一切，此其一。既知國族之利害，高於一切，復以外侮日亟，任何人皆具有救亡圖存之責任，於是每個人俱發奮振作，思盡一已之責任，此其二。上所列舉，尤於最近之大時代中，充分表現，於此吾人不得不歸功於內地之報紙也。

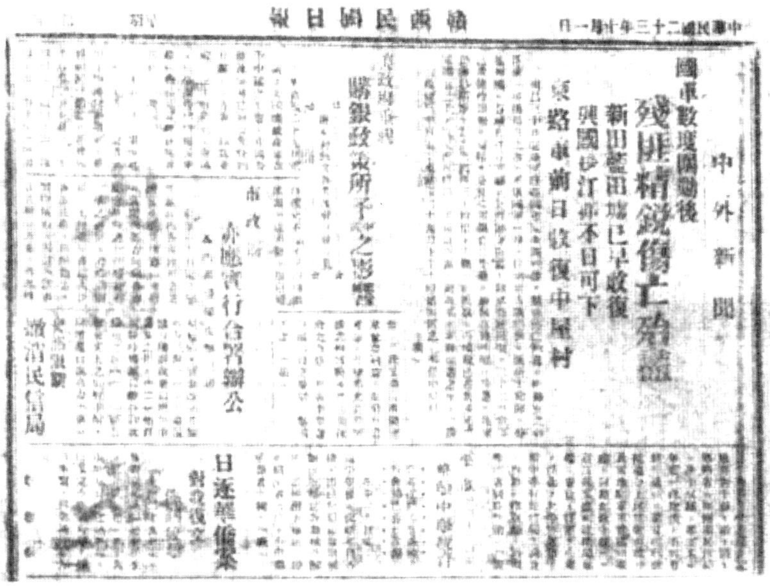

贛西民國日報

中外新聞

國軍收復閩西後

殘匪精銳傷亡殆盡

新田藍田墟已早收復

興國沙江市不日可下

東路軍前日收復中屋村

縣銀放款所予之影響

撤消民信局

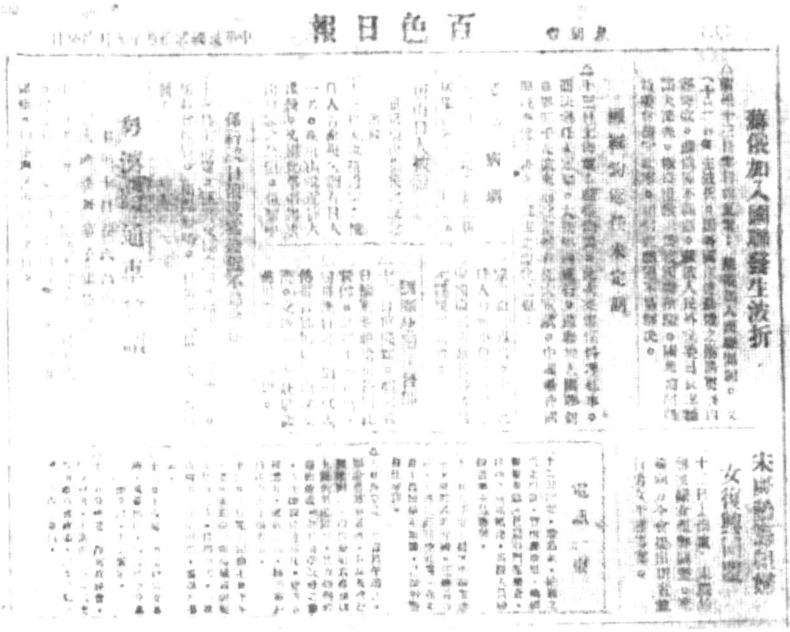

百色日報

蘇俄加入國聯發生波折

年來各地方報紙，競謀改善，頗著成績，言其內容，則以採用電訊關係，所有國內重大事件以及歐美各國之動態，莫不儘量揭載，視大城市之報紙，亦無多讓；惟篇幅仍有採用小報格式者。

全國各地報紙，據二十六年統計，向內政部聲請登記者，計有一〇三一種之多，故較爲偏僻之地方，亦均發行報紙。或以印刷困難，且有採用石印方法者，如下圖之新渠縣報，即其例也。

十年統計 據廿六年四月內政部統計，國內報紙經聲請登記者，較之十年以前，約增百分之七十，蓋廿七年登記之總數爲一千零三十一種，而十六年之統計，不過六百二十八種而已。茲分錄兩表如次，藉供參攷：

民國十六年國內報紙統計

北平	一二五	濟南	二五
漢口	三六	上海	二三
廣東	二九	其他各省	三六二
天津	二八	總計	六二八

民國二十六年國內報紙統計

南京	二一	廣東省	二三
上海	五〇	廣西省	七
漢口	二一	福建省	四二

交通事

北平	四四	河北省	一二
天津	二九	山東省	二八
青島	一六	河南省	三二
廣州	一七	山西省	八
江蘇省	二六一	陝西省	二一
浙江省	一〇五	甘肅省	七
安徽省	五七	甯夏省	一
江西省	三一	青海省	二
湖北省	二八	綏遠省	一〇
湖南省	一〇二	察哈爾省	九
四川省	三四	哈爾濱	三
雲南省	一四	總計	一,〇三一

貴州省　　六

吾人根據上表，當知內地報紙之增加，均爲此十年中事。交通事業之進展，中央社新聞網之完成，均有助於內地報紙之發展，觀此而益信。

寶剑牌
寶
SWORD
CIGARETTES
10 CIGARETTES
SWORD
CIGARETTES
南洋兄弟煙草公司

第九章　小報與小型報

第一節　小報之溯源

吾人述近代之報業，不得不連類及於小報，蓋小報在近十年來，於社會間亦具相當勢力，似未可置諸不論也。考我國近代報業之發軔，爲百年間事，而小報之興起，則不過三十餘年。小報性質，與大報容有未同，籠統言之，無非描寫社會間有趣味之事件，以供各級人士之消遣。三十餘年前之初期小報，一味致力於風月，似無價值可言，自民國十七年後，政治纔上軌道，當局對於小報之言論，有相當糾正，而經營之者，亦爲時代洪流所激盪，深知有改革之必要，作風始爲之丕變。溯其既往，約可分爲三期，而畫報又自成一時期，玆分別言之：

初創時期　中國之有小報，據考證所得，當在遜清末葉，其時朝政不綱，國勢凌夷，秉政者昏憒無知，一味以箝制輿論爲能事。薄負時譽之士，既不能暢論政治，上達中樞，又不甘噤若寒蟬，無所宣洩，於是借酒澆愁，寄情聲色，趨向於浪漫頹廢之途，一時有笑林報，采風錄，繁華報，游戲報等之刊行，是即最初之小報也。考其內容，無非爲吟風弄月之詩句，歌台舞榭之豔事，就新聞原則言之，絕未盡報道之職責，惟當時風氣所趨，各方爭閱，是亦慰情聊勝於無也。惟有一事值得注意者，即此後小報，陸續興起，實以此時肇其權輿，在小報界最馳盛譽之晶報，亦不久發刊。晶報原爲神州日報之附庸，創者初意，係欲藉此有精彩之刊物，作爲推廣日報之用，豈知神州本身卒無法支持，而晶報反巍然獨存，蓋亦當時所未及料也。晶報之特點，厥爲注意現實，且含有新聞價值，故能立於不敗之地位。

沒落時期　此後各方以小報有利可圖，紛紛創辦，而一般無聊文人，竟藉此爲生財之途徑，其內容殊不堪聞問，蓋滿紙所載，盡屬男女之事，穢褻卑鄙，無所不用其極，以視初期小報之評章風月者，更下一層矣。此種小報，多作橫式，分作若干摺，俗稱橫報。報之命名，尤爲奇突下流，編排之醜陋，出人意外。至其銷路，多屬低級之讀者，盛行於浴室，理髮店以及妓館。有時妓館或發生意外事件，橫報即詳載其事，且命報僮於妓館所在之地，大聲叫賣，務使全街之人，手執一紙而後已，以此種方法推銷報紙，抑亦創聞也。此時期之小報，可名之曰沒落時期。

轉變時期　於橫報盛行時代，其他小報，雖仍照常刊行，但爲流行之橫報所掩蓋，不無減色之處。自橫報銷聲匿跡後，小報始重見光明，遂入於轉變時期。其時黨政當局深知小報在社會間亦具有勢力，如能善爲指導，必可充分宣揚主義，因一度招致主持者談話，諄諄告以於登載有趣味之文字外，兼須就民族意識，廣爲發揮，以盡報道之職責。同時更釐訂規則，取締妨害善良風俗之文字，自此以後，無聊之橫報，遂告消滅；而努力向上之小報，愈顯其光芒，體例材料，悉易成規，穢褻之記載，幾於淘汰淨盡，此時期之轉變，蓋至堪欽許者也。

畫報時期　民國十四五年間，上海又曾一度盛行畫報；一時風起雲湧，種類繁賾，不遑枚舉，其最負盛名者，若上海日報，三日畫報，中國畫報等。內容材料，以有新聞價值之圖畫照片爲主，簡短之趣味文字副之；而封面必須影印女子之照片，以資號召，於是電影演員女伶等之攝影，遂由各方極力羅致，是亦一時風尙也。畫報讀物，在社會原極需要，無可訾議，惟經營者未能適應時代，隨時攝取有新聞價值之照片，以增加讀者之趣味，一切材料，徒恃各方供給，未免有時而窮，重以畫報紙張，較報紙爲高，故成本比較昂貴，偶遇滯銷，便不易維持。回溯畫報盛行時代，財力不足者，發行數期，即告中輟，至能維持數年之久者，僅一上海畫報而已。

第二節　內容之解剖

小報之發刊，以上海爲最多，不下三十種左右，平津及港粵方面，亦有小報，惟不及上海之盛。以言小報之內容，雖因時代與地域之不同，未可强爲確定，但就其大者加以檢討，則小報之特質，編輯之方法，種類之分析，與夫刊佈政治軍事消息，亦有可得而陳述者，緣分別先後，略述一般內容如次：

小報之特質 小報唯一之特質，厥爲每一新聞，皆具有若干趣味，而所得之材料，又顯然與大報不同，故讀報者甯願匆匆翻閱大報，略省一日間重要之事件，獨於小報，寄其深情，愛不釋手，於以見小報能把握一般人之心理也。近年以來，小報內容，力求進步，述其特質，約有六端：一、大報因歷史與環境關係，記述一事，顧慮甚多，甚至明知其內幕而未能公然刊布者，小報則無所顧慮，直言毋隱，且能於奸慝之輩，多所抨擊，使閱者快意。二、小報之取材，一以趣味爲標準，故所登新聞，初不限於某方面，上至貴顯，下及窶人，凡有特殊之消息，皆所取材，此種多方面的發展，適足以把握大衆之心理。三、小報所採訪之消息，多爲大報所忽視者，譬之某處有一重要之集會焉，到名流若干人，叙光鬢影，盛極一時，大報所登者，均爲紀律化之新聞，某君之演說如何；集會之意義如何；千篇一律，令人索然。小報之所記，則就集會中細小有趣之事，酌爲敍述，如某婦御何服飾，某君與何人跳舞等等，皆描寫盡致，讀之使人神往。四、大報之記載，笨重而沉滯，絕無生動之意味，此或爲習慣的新聞體裁所限制也。「其實大報新聞，亦以生動有趣之文字爲貴。」小報之文字則比較活潑，不拘一格，且具有婉而多諷之意味。五、小報之文字，以冗長爲大忌，除章回體之長篇小說外，其餘之新聞，鮮有超過一二千字以上者，讀者所費之腦力與時間不多，與會自感濃厚。六、社會間一切低級趣味，大報或未能卽予注意，小報獨能迎合潮流，着其先鞭，故深得讀者之歡迎。以上所舉，皆爲小報之特質，亦爲小報發展之原因也。

編輯之方法　小報之編輯工作，與大報絕不相同，蓋大報須儘量刊載一日間之大事，工作時間，率在午夜，偶遇突發事件，縱遲至黎明，亦須排入，此由於新聞之時間性，非常重要，而各報亦以多一特殊消息，爲競爭之工具也。至小報之材料，雖亦注意於時間性，但以所有消息，不相雷同，且多由報社特約人員自撰，不虞同業競爭，在時間性上着想，似不若大報之注意，故小報編輯工作，較爲鬆弛，不及大報記者之緊張矣。以上所述，係就一般原則而言，至小報編輯方法，可分三點言之：一、綜合編輯，小報編制，向採綜合方法，即不論新聞之來源如何，凡可錄用者，均錯綜排列，以適合美觀與刺戟爲唯一條件，此其一。二、暴露主義，小報因暴露社會間一切罪惡而獲得大衆之同情，故敍述務求其深刻，意義務求其犀利，編輯者秉此方針，十足表現其暴露主義，此其二。三、標題簡明，小報因篇幅所限，不能浪費地位，製作標題，力求簡明，絕無分題及副題爲助，故製作小報之標題，欲得完美之結果，尤不易爲，此其三。

種類之分析　小報內容，就多方面以謀發展，言其種類，至爲廣泛，殊難得一正確之分析，然從大體上觀察，銷路最暢之小報，在上海一地而論，凡得三十種左右，「此數係指中日戰事以前而言」若一一加以研究，則屬於社會政治新聞者佔十分之五，屬於社會游藝者十分之三，屬於政治者十分之一，完全屬於游藝者亦十分之一。吾人根據上述之比率，應知小報之讀者，半數注意於社會政治新聞，社會游藝次之；至純政治，純游藝之小報，不過十分之一，此亦社會心理向背之所關；否則小報業爲營業着想，適應大衆需要，當另謀改革之道矣。

最近之趨勢 自小型報擷登簡明消息，以小報之姿態出現後，各小報亦不甘示弱，認爲小型報亦作四開式，規模似與小報相等，乃變更計畫，以封面一版，專登政治軍事之消息，所採材料，與各大報同一來源。揆小報最初動機，或以經過此種改革，小報之讀者，除照常讀得有趣味之消息外，且可以其餘時，注意國家大事，就原則論之，此種辦法，殊未可厚非，然從事實上着想，則讀者獲此些少之消息，殊未足以饜望，而小型報之立場，規模與性質，究未可與小報相提並論也。自中日戰事爆發後，社會咸注視戰局之得失，對於軟性新聞，興趣稍減。小報編者，亦雅不願以平素之格局，與讀者相見；乃從軍事方面，宣揚各種智識，間有傳聞之詞，足以激勵民氣者，多儘量揭露，讀者彌爲快意。當戰事初起後，各大報多減少篇幅，小報自亦不能例外，有減爲半頁者，有暫時輟業者，但大體觀之，尚能維持原有精神，至欲恢復往日蓬勃氣象，是有待於時局之平定矣。

第三節　未來之期望

雖然，小報在以往十年間，有光榮之過程，吾人預測其將來，不能不致殷切之期望；良以小報在社會間具有相當勢力，既如前述，自未可以目前之停滯狀態，等閒視之也。茲以作者個人觀感所及，略致改革意見。

認清當前使命　經營小報者或以傳達正確消息，建立公正輿論，盡屬大報之責；小報不過取社會間細小有趣事件，作相當之報道而已。此種見解，作者雖未敢武斷其盡皆如是，然至少有一部份之小報記者存此觀念。夫報紙爲社會公器，小報既亦刊佈於衆，自應負有領導羣衆之責任；故辦小報者應以經營大報之精神，作同樣努力，勿以形式較小而妄自菲薄也，此爲一切先決問題。其次，我國當此空前困難時期，社會組織，悉遭破壞，民生疾苦，自不待言，報紙處先覺覺人之地位，應如何勗勉廣大讀者忍此苦痛，愛惜物力，以度艱危之時代。小報取材，範圍既極廣泛，文字尤生動活潑，若能秉茲使命，於多方面貫注此種意識，則收效之宏，或將駕大報而上之。再其次，小報平素揭載之軟性新聞，描寫頹廢生活之文字，更宜竭力減少，務求以有益之事件，出以風趣之筆調，引人入勝，庶幾社會風尙，得以矯正。至於娛樂之事，則體育競技，游觀攬勝，可供提倡者正多，殊不必盡以暴露方式，描寫人間罪惡也。

內容改進商榷　小報所載之消息，均由特約人員自撰，不虞同業競爭，故在時間性方面，初未甚注意，然爲增進新聞價値計，似宜多採訪富有時間性之消息；而寫稿人員，尤不應遽憑傳聞之詞，作爲寫稿之資料，允宜與社會時作接觸，從事採訪，如是親身體會，觀感自深，寫稿成績，必尤勝於傳聞所得者也。小報廣告，以營業關係，無論若何卑劣之詞句，均儘量刊佈，甚且以新聞方式，鼓吹藥品之功效，此其影響，貽誤羣衆，殊非淺鮮。若爲讀者福利着想，則當在擯除之列，或謂大報亦同此現象，又何獨苛責於小報？曰，大報登載此種廣告，固亦不當，讀者且多予以指摘，報社當局果下決心，則卑劣之廣告，自將無形消滅矣。或又謂小報恃廣告收入，藉資挹注，若長此拒登，其將何以爲繼？曰，是當先從整飭內容入手；內容優美，銷路自暢，廣告視銷路爲轉移，果銷路日增，尙何患廣告之缺乏乎？以言小報之印刷，則因委託印刷所代辦關係，未能達於理想之境地，惟鉛字之選擇，排列之美觀，編者如能加意講求，亦可獲得相當之進步。又若最近趨勢，小報有刊登連環諷刺畫者，泰半狀述低級人士之無聊生活，或取章回體之舊小說，擇其有風趣之事跡，絡續繪登，此種插畫，絕不以時代爲背景，似未能發生若何優良印象。爲適應當前偉大時代計，可登時事插畫，以促讀者之興起，若以造意困難，則不妨轉載外國報紙之諷刺畫，或較爲有意義也。

培養固有特長　前此所述，責望過殷，小報原屬趣味讀物，倘以呆滯姿態，一味以教訓讀者爲職責，似失小報之本旨，亦非作者貢獻改革意見之原意也。夫小報之特質，若暴露罪惡，取材廣泛，記事活潑，把握時代諸端，均屬固有特長，切宜培養，毋事廢棄；若能於原有特長之中，於編述任何新聞之際，滲雜若干民族意識，則讀者受此暗示，必收效於無形，此可斷言也。

篇幅酌爲增益　或謂小報特長，固宜培養，而當前政治軍事之重要新聞，尤不能不充分刊佈，若揭載過多，又減少原有地位，殊非讀者所喜，爲求兩全之計，似可增益篇幅。作者個人意見，亦極贊同此說，惟編輯方法，仍宜用原有之綜合制度；若分類編列，讀者或只閱軟性文字，而於重要事件，反置之不顧，殊非增益篇幅之本意。

凡上所言，經營小報者，或已洞察一切，正謀改善，或以情勢所格，無法推行，要未可一概而論。作者僅就個人聞見與觀感所及，略事敷陳，得當與否，非所計及也。

第四節　小型報崛起

述小報既竟，更不得不一論小型報之崛起。小型報者，紙張大小，一如小報，惟內容則絕非小報；蓋以大報之精髓，成一最簡明之刊物，爲讀者省腦力與時間也。

初創時期之小報

初創時期之小報，若笑林報，繁華報，采風錄等，其內容均以評章風月爲能事。又點石齋畫報之發行，視小報爲尤早。

小型報紙一頁

LIH PAO

立報

比京會議毫無成就

我國代表嚴重抗議

敵艦昨又轟擊廈島

無錫仍在我軍手中

右翼我軍

堅守海鹽硤石

本報告別上海讀者

在介休中伏

本報停刊啓事

小型報紙採取精編方法，擯棄無關重要之消息，頗能把握某一時代讀者之心理。上圖爲立報之一頁。

認大報爲浪費 創辦小型報者，其唯一動機，厥爲認大報浪費，蓋社會組織，日趨複雜，人事之繁，逾於往昔；普通人士，一日之間，從事於工作者若干時，費於飲食睡眠者又若干時，安有充分餘暇，翻讀五六張之報紙，以過去情形而論，中國銷路最廣之申報，新聞報，每日發行報紙，通常六大張，計廿四面（24 Pags）之多，除新聞而外，廣告尤極繁密，讀者若詳爲閱讀，一無遺漏，非三四小時不可，然而在事實上不可能也。自新聞論之，則地位既廣，蕪雜之消息，冗長之記載，充塞篇幅，讀者或無此需要。更從經濟着想，中國尚未造紙，報紙悉由國外供給，每年輸出金錢，爲數可驚，報社若不減少篇幅，徒自浪費。美國報紙，以張數愈多愈佳自豪，此蓋因美國爲工業國家，報社即可設廠製紙；而鉅額廣告費之收入，又足供開支而有餘也。日本之報紙，日出二三張，新聞以精爲貴，讀者未覺其不足。以我國情形而論，當效法日本之節省篇幅，美國日出報紙數十張，殊不足爲訓，故爲報社本身及讀者計，宜有一經濟讀物，此小型報之所由來也。

小型報之內容　小型報之編輯方法，完全採取精編主義，所有一切新聞，均須經過相當之琢磨，甚至認普通稿件無法改削，或竟重爲編寫，以期合於簡明之原則。至普通習見之消息，蕪雜支離，無新聞價值者，當然予以擯棄。小型報又極注意特寫，凡社會間新發生事件，爲大報所未及注意者，小型報多不惜地位，採取此種資料，作爲特殊消息，以引起讀者之欣賞。總之小型報之最大目的，係欲使報紙中任何新聞，皆有一讀之價值，絕無不必要之紀載也。因此之故，小型報編輯　必於工作時，化費大部份時間，考量新聞價值，若者應予刊布，若者應加修改，若者應擯棄不用。又關於排版方面，以地位寶貴，多先行計算一版之容積，究能排若干字，當發稿之際，即隨時核計新聞之字數，庶幾容量適合，不致使有剩餘新聞，在排字工友，固可節省精力；而報社本身，亦可省去不必有之浪費矣。小型報內部組織，比較大報簡單，即就編輯部言之，雖在形式上亦分爲電訊，國際，本埠諸部份，但以採取綜合編輯制度，可集中指揮，不若大報之界限劃分，未能收密切合作之功效也。

立報辛報概述　中國各地之小型報，若北平之實報，南京之朝報，皆創辦較早，深得讀者之贊許，惟上海之立報辛報，以簇新姿態，與世人相見，其內容視實報朝報尤有改進之處，茲以作者之觀感，略述此兩報之概況如次：立報於初創辦時，以不登卑劣廣告相號召，抱甯缺無濫之旨，此蓋由資金充足，且具有犧牲精神，非其他各報所可企及。立報內容最使讀者滿意者，有雋永之短評，言簡意賅，促人猛省；有副刊兩種，青年讀者與普通讀者並皆贊譽，以其能把握羣衆之心理也。就立報一般主張而言，頗能致力於民生問題，對於頹廢，荒嬉，浪費諸風尙，抨擊不遺餘力，此誠值得吾人讚許者。立報行世未久，辛報繼續出版，以運動，電影及小品消息見長，編制尤新穎活潑，標題製作，用字潑刺，更能切合青年讀者之心理。

大報與小型報　或謂小型報之趨勢，方在不斷進展之中，大報難免遭其影響，但就事實論之，則絕對無所防害。蓋大報內容豐富，在提倡時間卽金錢者，或無此餘暇，一一閱讀；然內地不乏無所事事之輩，正欲藉此大量報章，以遣永日。且各報主張不同，編輯方法不同，讀者旣讀一報，漸成習慣，一時改閱他報，亦復不易。至減少篇幅，以節紙張之糜費，則各大報固亦同此觀念，方在極力研究中也。

中国近代新闻学名著系列丛书

芮必峰◎主编

中国近代之报业（下）

—— 赵君豪◎著 ——

中国传媒大学出版社
·北京·

第十章　報紙印刷術

觀夫世界新聞事業發達史，可知自迴轉印報機發明以後，新聞事業，始有突飛猛進之象；則印刷之於報社，匪特爲重要部份，抑且爲根本基礎。時至今日，有一報日出六七十張而銷數達百餘萬份者，於印刷方面，遂有單位式高速印報機，自動聯合鉛版機，重力紙版機，自動鑄字機等種種完美機器，以應其需要，務使印刷速度之增加率與報紙銷數之激增率相呼應。如全世界最大之芝加哥日報（Chicago Tribune）宣稱，距編輯部末次發稿之一小時，即能使載有是項消息之報紙，整批乘火車待發，其間凡歷排，排，校對，壓製紙版，澆製鉛版，印刷，摺疊，計數，印刻地名，打包，十項手續，試思其機器能力之偉大與敏捷爲何如！至於管理方法，則各視其環境而異，總之，必以科學的眼光於每一動作間，細察其當否，然後訂立一準則方法，使工人遵行之，此種準則方法，必於時間、材料，勞力三者，無絲毫浪費之處者也。茲先就各種新設備略舉大概，以見一斑。

第一節　鑄字紙版鉛版機器

鑄字機器　現以美國湯姆生(Thompson Corporation)所製者爲佳，此機能鑄大小各體鉛子，速率每小時約四十餘磅鑄成之字，不加琢磨，即能使用，倘加以特殊裝置，即可澆製鉛條鉛線，速率可達七十餘磅。每機約需國幣六千元，我國商務印書館等亦有製造者，則尚在進展之中。此外有類手打字機之構造，可使成條之鉛字隨指按以澆就者曰Linotype, Inter Type，於歐美報界爲極重要之機器，惟華文字體既異，字數尤繁，非惟不能應用其機器，亦且不能應用其原理也。

紙版機器　以前用毛刷人工打製紙版之法，固已早趨淘汰之列，即橡皮滾壓(Matrix Rolling Process)之法，雖歐美猶多用者，亦漸被重力直壓法 Direct Pressure Matrix

Making Process）所征服，昔之每製一版，需時半小時以上者，今日祇須一分鐘已足。昔之紙版製成後，須經烘乾者，今日可於加壓之際，同時烘乾。昔之銅版花紋因紙版不能顯出，必須銲附鉛版上者，今日紙版壓製時，可使銅版花紋，纖微畢露。兩兩相較，巧拙之別，有若鴻泥，故有謂重力壓紙版方法之發明，於印報術之貢獻，不在迴轉機與 Linotype 之下者，實非過言。此種機器，以德國之 Frankentahl 與 Vomag 及瑞士之 Winkler 最負盛名。最近美國 Wesel 所製能使紙版縮度（Shrinkage of Matrix）減至極微，所受壓力熱力毫無過分與不及之弊，而所費時間，尤爲節省，惟價值較爲昂貴耳。

鉛版機器　從前澆製鉛版一塊，須經六種機器，手續極繁。材料，勞力，時間均不經濟。最近新機則全係自動，可集爲一機或二機，因之速率大增，每分鐘有能澆修鉛版三塊之多者，如英國 Linotype & Machinery Co. 之 Junior Autoplate & Autoshaver, Pony Autoplate 瑞士 Winkler 之 Automatic Casting Machine 德國 Frankentail 之

Ganzautomatische Stereotypie-Einrichtung 等，均能連鎔鉛爐澆版機修版機於一處，管理極易，速率至大，所費不多，價格各異。至於配和鉛合金 (Lead Alloy or Stereo-metal) 之方法與鎔爐，亦多新法可採，使蝕耗減少，質地堅勻。

第二節　印報機器

現在各國迴轉印報機，廠家極多，每家出品，復分數式，故種類極繁，不勝縷述。大概每種自有其特色，摺報機速率普通爲每小時出報三萬份至三萬六千份。（美國 Wood 爲紐約泰晤士報 (New York Times) 所特造之一機，每小時能出八大張爲一份之報紙六萬五千份，自屬例外。）至於售價，則因所用材料之優劣，製造工程之難易，大有上下之分，大約至少須國幣三萬餘元，茲姑就印機之各方面改進趨勢，分別論之：

機器組合方面　近來趨向，悉由橫層式改爲單位式，(Deck-form to Unit-form) 若

最新式之印報機器

印報機器，近來趨勢，悉由橫層式改爲單位式，於管理方面，較爲便捷，且遇添加印機時，如用橫層式則不能任意向上累積，而用單位式則可儘量向左右前後擴充，故昔日擴張時，須另購一機者，在今只須購一單位機，以附於原機可矣。此圖爲美國最新式之SCOTT "Straight-Unit" 輪轉機，其作用悉如上述。供給捲紙方面，係由地下引紙上昇入機，故能保持清潔。報紙最重要之設備，厥爲印報機，蓋報紙最大之目的，在乎迅捷，欲謀迅捷，非有完美之印報機不爲功。

一八〇　最新式之壓製紙版機器

以前用毛刷人工打製紙版之法，固已早在淘汰之列，即橡皮滾壓Matrix Rolling Process之法，雖歐美猶多用者，亦逐漸被重力直壓法Direct Pressure Matrix Making Process所征服。昔之每製版一塊，需時半小時以上者，今日只須一分鐘已足。昔之紙版製成後，須經烘乾者，今日可於加壓之際，同時烘乾。昔之銅版花紋，因紙版不能顯出，必須銲附鉛版上者，今日紙版壓製時，可使銅版花紋纖微畢露。上圖爲德國VOMAG壓製紙版機，即具有上述之功用者。

是則管理方面，可較便捷。且遇添加印機時，用橫層式不能任意向上累積，而用單位式，則可儘量向左右前後擴張。故昔日擴充時，須另購一機者，在今祇須購一單位機，以附於原機可矣。至各國各種機器之優點，亦日新月異，至於複式機，（Multi-Unit Type）更能利用轉向棍（Angle Bar System）之作用，使任何單位印機印出之報紙，引入任何摺報機中。故在整部印機間，因報紙張數之不同，可有種種分組集合方法，而遇機中某部份發生障礙或損壞時，祇須將該單位或摺報機停止，並不妨礙其他部分之工作。

鉛版裝卸方面　最新機器鉛版地位，總不過高，且在目力易及之處，俾工人易於裝卸，便於管理，鉛版滾筒，大率由橫的兩版地位加放至縱的四版地位，如是則一機能兼有兩機之能力。英國 Duplex Tubula Plate Press 則將鉛版製成圓筒形，由機旁套入滾筒，因之澆修鉛版時，可節省時間與材料。

摺報機方面　應用線帶之摺報機，已趨淘汰，而代以圓筒式。摺疊方法，則由三疊改為兩摺，以增高其速率，同時可計算出報份數或加印號碼於報上，有能摺疊十六張之報紙於最高之速率，（每小時四萬八千份）而不致阻礙者。

供給捲紙方面　最初捲紙必須吊至高處，始能引入機中，後來紙卷地位降至平地，較爲便利。更後由地下引紙上昇入機，以保持印刷之清潔與秩序。最近則可使車行之時，在地板下層掉換紙卷，以節省時間。至於減少斷紙機會之方法，則有 Jones Tension Device, Web Tension Equalizes, Floating System, Push System 等種種裝置，使紙張入機時，毫不跳動，行動時不受强迫拉力，故如紙質優勻，終卷可無斷紙之虞。

供給油墨方面　供給油墨方法，以前悉由膠棍間時向墨盆汲取，更經若干膠棍之調和，以達鉛版，其最高目的，在使車行不論遲速，墨色須通篇勻和適宜。最近 Wood 與 Hoe 改用 Pump System，據云能按車行之速率，自生適宜之壓力，以汲引適量之油墨，且均勻和適當也。

膠棍方面　在昔使用膠棍，有二缺點：（一）膠面不平，且多空隙，因之調墨不勻。（二）遇寒轉硬，失其彈性，遇熱自鎔，不經久用。關於第一點有 Rowe 廠之機器，藉壓榨空氣之力，使煎就之膠，由膠型底部昇入完善之型中，故製就之膠，異常光潔，毫無空氣闢入，以生孔隙。關於第二點，則有美國 Ideal Roller 公司用油類熬成之膠質，可代皮膠，歷寒暑不變，惟靠近鉛版之膠棍，仍須應用皮膠，無相當較善之代用品耳。

機器結構方面　關於 Bearing 方面，重要之 Bearing 大概不復用 Bronze Bashing 而用 Ball Bearing，司各脫與 Hoe 等則用 Roller Bearing。材料方面，各式各處各異。其新發明者，重要齒輪用高價之鋼料製造，大約經廿五年之應用後，若將全副 Bashing & Bearing 換過，即與新機無異。

管理方面　晚近出品，都用電鈕以司機器之遲速行止，其便捷自非昔比，而所省電力，尤非小數。關於加油方面，亦有自動方法，以省人力，且使油量適宜。關於停車方法，則除馬達煞車 (Motor Brake) 外，更有磁力煞車 (Magnetic Brake) 滾筒煞車 (Cylinder Brake) 等，使急遽間機可驟停，而於機無損。此外更有 Web-Breakage Detector 能使紙斷時，自行停機，以補救人工失察之處。坐是種種，更因斷紙之不常見，紙墨供給，不由於機旁，司機人數，約可減其半數。

特殊裝置方面　添加套色印機，各國近亦多能製造，而其使用之優點，亦復各有不同。至於遲到消息，不及澆製鉛版，欲以鉛字直接加入印機者，則僅能應用於印機之字列方向與紙行方向成直角者。

運輸方面　捲紙之運輸，大都由鐵軌用小車推移至機器之下層中，鉛版則用皮帶，由鉛版房載至印機之旁，油墨用 Pump 或 Gravity 自廠外通至機中。印出報紙，則用皮帶自摺報機引入票籤處之 Mailer ，（此機能將報紙包裹同時印上地址，每小時速率達一萬餘份）或引入發行處，點數加綑，再經木槽（Chute）分別墜入汽車，以載赴火車或輪船。

以上係世界最新式設備大概，至於我國新聞事業，向極幼稚，雖以社會進步，銷數較增，然報館本身之發達，則殊未易言。故及今應用迴轉機者，尙未普遍全國，以視歐美日本瞠乎其後。然若就上海一隅而言，則報館採用各種機器之先後，最初爲（Goss），次（Hoe），均美製。其次爲（Deipler），英製。其次爲（Vomag），德製。最後（Scott）美製，則後起之秀也。其他則 Linotype and Machinery 之 Pony Autoplate，Vomag 之鉛版機，Frankentahl, Vomag, Winklar 之紙版機，Thompson 之鑄字機，Rowe 之煎膠機等，持與歐美同等銷數（每日十五萬份左右）之報館設備，亦未遑多讓，所惜我國機器廠家，除商務印書館等一二家外，極少致力於新式印刷機器者，蓋在日本，雖行銷全國之巨報，其機器亦屬歐美輸入，然各處之地方報紙，則多用日本自造之迴轉機者，殊歎勿如耳。

第二節　印報材料

捲紙　世界產紙之區，首推瑞典與加拿大，其次爲日本與挪威。英美各國等大報館，有自購林地，自設紙廠，以供己用者。我國用紙，素仰給於瑞典日本，與日本同値之紙相較，則以瑞典紙爲佳。加拿大與美國出品，紙質亦佳，惟美國及南美需用甚廣，故所出之紙，屬於標準制者 (Standard Quality) 一時不及推銷我國之市場。至紙張顏色，中國愛尚潔白，而西人則多取糙米色，一以糙米色之光較爲黯淡，不傷目力，一則以印報之油墨特取其廉，則墨色之成分較淡 惟印在糙米色紙上，易於生色奪目。至紙質重輕，則製造者可以化學方法，使就用者之所需，惟紙輕則郵費較廉，而代價亦少昂。比溫溪造紙廠開始籌備，一旦成功，得有出品，則運費稅餉，必較減於舶來品；且經過之路程較短，損壞與抛擲之機會較少，因之卷形平整，使用時庶可便利。惟歷觀各國造紙之歷史，亦非多年之經驗不易爲力，則我國之製造家宜知所奮勉矣！

油墨　英貨美貨，均極流行，惟美國多 Natural Gas，故其炭質成本較廉，因之油墨價格，亦較英貨爲廉。往者上海有靈生中美等公司，能自製油墨，頗爲合用，惟質佳者價昂，價廉者質遜耳。

漆泥　(Repressed Felt Blanket & Oil Proof Rubter Blanket) 亦爲印機上一重要材

料，價格綦昂，普通均用英美兩國出品，此物製造極難，國內暫時恐不能自造。

鉛合金（Lead Alloy）鉛銻錫均有國貨，湖南之錫，且行銷國外，惟質地不純，使用較難，欲得純粹合金，仍須取給於國外也。

紙版（Matrix Paper）形如吸墨紙，所以爲壓製鉛版之需者，普通多來自德國瑞典，兩國出品，均頗有研究，而價値之差別，全在製品之優劣及澆版之多寡，每葉約自一角至三角餘不等。佳者一版可澆鉛版至二十餘塊之多。至澆字與澆銅版書片者，亦有精粗之不同，國內近亦有起而倣造者矣。

第四節 未來展望

統觀我國印報業過去之歷史，雖極黯淡，然將來之希望，固甚宏大。處今之世，亟宜竭力培植此新聞事業之基礎，庶幾新聞事業發達時，印報術可追隨而促進之，培植之法，約有四端：

機器廠家之努力　機器廠家中，應有專心致力於印刷機器者。目下先就銷路較大而易於製造之歐美新機仿造之，以後日漸進步擴充，不難自有發明而成偉大之事業。

原料廠家之努力　國內紙廠油墨廠煉金廠，亟應注重印報業所用材料之品質，而求所以適合之者。惟現在國內報社發達，尚在動機，故原料設備及機器製造，尚未至日常相當之需要；則其努力觀成之日，必在報館供要加多之時，可以斷言。然時至今日，急起直追，尤患其緩，不能再事遷延，可斷言也。

印報業自身之努力　我國印報業中，具高深學識與經驗者，爲數不多，以視美國之大都爲中學畢業生者，奚可相提並論，然其所用之機器，固多完全相同也。是以同一機器，在我國之工作效率較低，取費較廉，而易於損壞，故工人學識之提高，實爲當務之急，而其自尊心與公德心之養成，尤爲要圖。試涉足我國工場，材料狼籍，污穢混亂，至於極矣，此必設法使業此者自身覺悟，努力自拔，始能改革，匪旦夕之功也。

報館方面之努力　我國報館通病，對於印刷部份，素不加意，及至今日，始漸知印刷機械之重要，然終以非所夙習，仍無從過問，遂亦聽其自然。凡機械之運行與材料之消耗，悉委工人之手，工人本身學識，已極有限，又以事非關切，任意行之，其中材料時間浪費之鉅，若有統計，足以驚人。須知報館中消費最多者，爲印刷部份，而許多報館之虧折，主因不在營業之不振，而在印刷浪費之過多，故經營新聞事業者，必須十分注意此部，且延聘富有學識之人，使負責管理與監察此部，然後開支可以節省，營業因有發達之望。

補使命

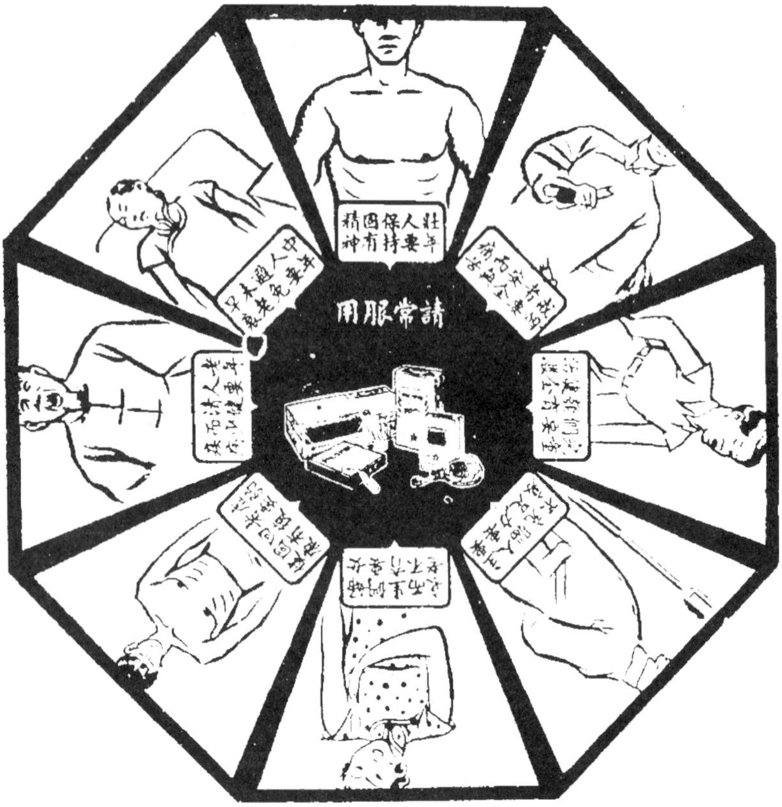

PHOSMIN

十全大補

本品用賜保命與蛋黃素爲主劑更配合人體需要諸物質補腦補血補腎治虛治弱治衰凡人體四肢百骸無不兼籌並顧稱爲十全大補富無愧色性衰各症尤有特效補粉補片味美易服最近又有水溶補針裝出注射便利吸收快捷分男用女用二種與粉片相同戒烟時用爲輔助病後以作調補必獲良好効果

補針

水溶針劑吸收迅速男用棕色盒貼女用藍色盒貼

補粉補片

聽裝瓶裝 攜帶便利
任憑揀用 行旅最宜
男用紅簽
女用綠簽

上海新亞藥廠製造 藥房均售

第十一章　新聞教育

第一節　新聞學校概況

於中國近代報業展之過程中，新聞教育，亦佔重要之一頁，中國報業溯源，不過近百年間事；而新聞教育之倡導，爲時尤暫，自北京大學於民國七年添設新聞學課程起，至於今日，不過二十年耳。新聞學絕對注重實習；尤貴有多年之經驗，若以報紙文字平凡，認爲人盡可爲，是直不知報紙之構造，又何足與言新聞教育？各國之新聞教育，以美國爲最發達，言其歷史，亦非甚久，於論中國新聞學校之先，當一述美國新聞教育之概況

美國之新聞教育　美國密梭里大學 University of Missouri 之新聞學院，創於一九〇

八年，爲世界馳名之報學學府，據該校自稱，在新聞學院未正式成立之三十年前，已講授新聞學課程，且組有新聞學會，故可稱爲世界新聞學校之首創，惟在美國各大學中究以何校爲首創，因無從稽考，茲不具論。密梭里新聞學院得威廉博士 Dr. Walter Williams 畢生之努力，人材輩出，中國學生從業者尤衆，威廉氏兩次游華，甚得國人之歡迎，其所著「記者信條」 Journalists' Creed 亦膾炙人口。除密梭里大學外，哥倫比亞大學之新聞學校，亦馳譽當世，校創於一九一二年，由美國著名新聞家普列茲氏 Joseph Pulitzer 捐資創辦。威斯康辛大學於一九〇五年，即開始講授新聞學課程，一九一二年成立專系，至一九二七年，始正式創辦新聞學校，以上三校，爲國人所熟稔者，至美國其他各大學，創辦專校或講授新聞學者，殆不勝枚舉，此言美國新聞教育之發達也。惟美國最近趨勢，凡新聞學院畢業之學生，多未能獲得職業；而能力充足之新聞記者，又多非來自新聞學校，故對於新聞教育，頗多訾議。言其原因，蓋由於新聞學院之教授，都非從事報業之人，僅憑理論，初未能以實際經驗講授，卒業之學生，只能作簡短之宣傳辭

威廉博士

上圖爲美國密梭里大學新聞學院院長威廉博士 Dr. Walter Williams 氏之遺影。博士戮力新聞教育有年，我國報人從業者尤衆。

我國之新聞學生

國立上海商學院新聞專修科學生，於課餘之暇，組織新聞學會，上圖爲首次集會之影。中華職業補習學校於廿七年設新聞班，各大學學生聽講者甚衆，下圖即該班學生參觀新聞報時所攝之影。

句，於新聞寫作，都未中式。卽以哥倫比亞大學之新聞學院而論，其院長阿克門氏 Dean Carl W. Ackerman 亦非新聞專家，在未充院長之前，係美國通用汽車公司 General Motors 之職員，故就學校所定之課程言，無不恰當，但畢業學生之能力，異常幼稚。凡上所述，俱載於美國名記者 Stanley Walker 所著之 City Editor 一書中。又美國名記者 Marse Henry 有言曰：最優良之新聞學校，厥爲報館， A good newspaper office is the best school of all 故吾人欲於新聞學院中尋覓才情卓越之士，爲報社致力，觀於美國情形，當應加以考慮矣。

我國之新聞學校　民國七年，北京大學講授新聞學課程，並由學生組織新聞學研究會，一時頗引起教育界之注意。民國九年，上海聖約翰大學，成立新聞學系，所採教材，率為美國大學所習用者。北平燕京大學於民國十三年，亦創設新聞學院，以主持得人，設備完美，故學生衆多，人材輩出，該校日與美國密梭里大學交換教授與研究生，以目下中國新聞教育言之，燕京實可推爲最優秀者。此後北平之民國大學，於民國十三年，上海之復旦大學，於民國十六年，相繼成立新聞學系，復旦尤注重實習，所授課程，深合於實際應用。最近數年中，設立新聞學科者，若上海之國立上海商學院，南京之中央政治學校等，中華職業教育社補習學校，最近亦設新聞專科，以應社會之需求。至新聞記者以私人資格開辦新聞學校者，復有多人，於此可知社會人士對於報業，確有相當之認識與興趣也。上海申報爲養成內地通訊員起見，於民國廿一年設新聞函授學校，全國各地之青年學生報名入校者，約五百人，遠及蒙古，新疆，西藏，西康，青海，甯夏等邊區省分；而大學生且佔三分之一。所授課程，係參照國內各大學新聞學系課程而編定，故均切合實際需要。此校創辦，歷時四年，嗣主持者他適，遂告中輟。以上所述，爲我國新聞教育之概況，在數量上並不甚多，但以二十年之歷史，獲得如此成績，亦復差强人意也。

第二節　新聞學之課程

我國新聞學校之課程，當局尚無明文規定，現時各校所講授者，多係根據美國大學之課程，參照國內實際情形，自行釐訂；而美國大學之教本，又未合我國之需要，故各校教師，率憑一已經驗，參以理論，自編講義，此係一般情狀也。至學生實習，則以經費困難，設備不全，機會甚少，若為培養報業人材着想，關於課程實習以及出路諸方面，均有應加以研究者。

新聞課程評述　各校新聞學院之課程，雖無法一一予以討論，然就作者所知，則有新聞學概論，報館管理，評論作法，編輯與採訪，發行學，廣告學，出版法，報紙印刷術，時事問題研究，國外新聞事業，本國新聞事業諸門。以上各課，自表面觀之，如能善自研究，將來卒業之後，必可充一優良記者。但考其實際，則事實與理想相去甚遠，蓋報紙為社會大衆讀物，包羅甚廣，若僅從事上述各科之研究，其結果只能明瞭報紙構成之因素，未可担任實際工作，一旦身入編輯室中，仍將遭逢極大困難，絕對不能應付裕如。新聞學院學生入報社工作者，亦不乏其人，如不抱有成見，當認作者之言，並不虛誕也。竊以報紙為時代反映，內容複雜，範圍至廣，若不於社會科學，有相當基礎，則雖熟讀一切新聞學課程，亦無法担任工作。反之，如於社會科學，有若干素養，再加以新聞學科之研究 則在報社工作時，偶遇複雜事件，必可憑個人理智，尋求解決之道矣。依作者見解，大學之新聞學院中，不必以四年時間，盡作新聞學科之講授，最初二年，應授以新聞學理論與社會科學；而後者較新聞學課程尤為重要。後之二年，則以大部份時間，從事實習，如是方可養成有用之新聞人材。抑尤有進者，我國新聞學校所授課程，似專訓練普通日報之記者，並不分為若干系，故對於學生之出路，至受影響。茲以美國威斯康辛大學之新聞學校而論，則分為若干系，如日報系，普通報紙系，廣告系，雜誌系，教師系，分別訓練，各授以專門知識，一俟畢業以後，可依其所學而謀得職業，非若我國之新聞學院學生非日報記者不能為也。

缺乏實習機會　美國各大學之新聞學院，必有一報紙，其內容設備，組織管理以及編輯採訪等等，完全與報社無異，事實上確為一報紙也 美國密梭里新聞學院之報紙，即暢銷於學校所在之地，每日收得各處之電訊，與大城市之報紙，初無二致，學生從事編輯者有之，採訪者有之，寫作評論者有之，此種實習方法，確爲最善。我國新聞學校之實習機會，則至爲貧薄，學校出一刊物，由新聞系學生主持之，內容所載，盡屬學校以內之新聞，若校務會議，教授易人，足球比賽等等，事實上亦無印刷所，由校外代印，所謂銷路，亦僅校內之人而已。新聞系學生無法與社會接觸，採訪編輯與評論，盡在一校以內，欲其獲得若干經驗，又安可得哉？以言新聞學之參考書籍，則僅有殘破之報紙，零落之雜誌，視若奇珍，用供研討，美國大學搜羅各國報章刊物，無慮數千百種，相形之下，未免見絀矣。惟我國新聞學校之學生，例於將畢業時，由教師率領，赴規模較大之報館，參觀一過，若者爲機器房，若者爲編輯室，若者爲排字房，匆匆一過，走馬看花，無殊鄉人來自內地，經行上海繁盛街市，心目中有此印象而已。夫新聞學生實習機會如此短少，欲其一出校門，即担任報紙繁劇之工作，在報社固無所利，事實上尤不合理。美國名記者華特生氏 Henry Watterson (editor of Louisville Courier) 有言曰：「

世間只有一個新聞學校，即完美之報社是也。』There is but one School of Journalism, and that is a well conducted newspaper office. 作者個人意見，我國新聞學校，如欲訓練報業人材，必須與大規模之報社合作，最低限度，必以一年之時間，令學生在報社工作，輪流至各部份實習，親身體驗，始得眞益，否則徒講授理論，眞勞而無功也。

第三節　新聞學生出路

我國新聞學校之學生，未至卒業，即多方籌劃，若何而後可入某報，以爲一旦身充記者，即有無冕帝王之榮號；至於本身之能力如何？報社之實際情形如何？概非所問也。考我國各地報紙所用人員，來自新聞學校者，未足百分之一；而此輩畢業生亦未能表彰其特殊能力，徒斤斤於待遇之厚薄，因此，各報對於此種人材，亦微感倦意，其實新聞學生之出路，似不必以入日報爲唯一目的，大城市爲人才集中之地，覓得職業，尤屬非易，倘能改弦易轍，則可作之事正多，初不患無出路也。

多方面發展　今之新聞學校，釐定課程，既不分系，而所訓練成功之學生，又多爲普通日報記者，一旦出校，只有兩種工作可爲，非作編輯，即任採訪，縱勉任較低級之事，亦須在編輯部範圍以內。其實報社部份衆多，若廣告，若發行，若印刷，果新聞學生具有專長，亦不必定欲入編輯部，儘可從事發行之推進，廣告之改革斯可矣。惟普通學生所研究者多爲編輯採訪之事，於營業方面，彌爲忽略，故與之討論新聞學原理，則五個W主義（即 What 何事，Who 何人，Where 何處，When 何時，Why 何故）必脫口而出，若命其計劃半頁廣告，或作改善發行之提議，彼必將握管苦思，徐徐從事矣。此種情形，即與作者前所提出之課程分系問題，有密切關係，主持新聞學校者，應默察報業將來之趨勢，與夫目前之實際狀況，重爲計劃。竊以年來報紙編輯，受社會鞭策，已作不斷的改革，惟廣告與發行二者，似仍處於不進即退之環境中，可供研究之點甚多。新聞學校爲學生出路計，宜變更方法，將課程分爲日報，普通報紙，廣告，雜誌，敎師諸系，一如威斯康辛大學之所爲；如是人才分散，不必以編輯部爲目標，尤不必集矢於報紙，縱未能於報社中獲得一職，亦可向他方面發展，如是社會及個人，皆受裨益也。

創內地報紙　我國內地報紙，年來有長足進展，既如前述，新聞學校之學生，有此廣大園地，不患無發展抱負之機會。中國報紙銷行最多者，不過十五萬份，此後推行義務教育，識字者愈多，報紙之讀者，將愈爲增加，蓋多一識字之人，即不啻爲報紙增一讀者者也。新聞學生，一旦出校，其眼光短淺者，只求於大城市之報紙獲一微職，於願已足；而於發展內地報紙之偉大使命，反置諸不問，抑何愚歟？鄙意此後新聞學校之學生，應於其本鄉創辦報紙，以爲發揚民族意識之一助；至已有報紙者，亦可就原有事業，予以改進，務使全國各地之報紙，在國家利害最高原則之下，努力報道之使命，故新聞學生不患無出路，患在不自尋出路而已。

作營業宣傳　新聞學生如不能於報紙中獲得立足之機會，又可以其所學作營業宣傳。以美國而言，各大公司爲推廣營業起見，多設有規模較大之宣傳部 Publicity Department

從事計劃廣告，報紙宣傳，自辦刊物，以及其他一切宣傳工作。中國各大商店，雖未可與美國相比擬，但近頃對於報紙宣傳，亦深加注意，惟主持之者昧於大勢，不明報紙之內容，故所定宣傳辦法，多未能切於實用，所擬宣傳稿件，尤未能合於新聞原則，把握大衆心理，倘新聞學生能於此處着想，則縱不能爲報社之記者，亦可於營業宣傳，致其所學矣。

N.C.2-8-27

第十二章　廣告之進步

第一節　報紙與廣告

凡立論公正，具有權威之報紙，其經營條件，厥爲自給自足；蓋自給自足，始可自主，不爲外界所左右也。欲達到自給自足之境地，當於銷路與廣告兩方面，致其最大之努力，非有鉅額之銷數，無以吸引大量之廣告，非有廣告之收入，無以維持報紙之生命，故銷路與廣告，實有聯繫之因素，而爲報紙發揚之根源；自給自足自主之基本條件，未許忽視者也。通常報紙進展之程序，於初刱設時，不應貪求無數之廣告，宜研究如何推廣銷路，銷路既有把握，廣告亦順自然之趨勢，逐漸增加，此殆不易之理，關於報紙銷路之事，於次章論之，茲先述廣告之功用與價值。

功用日益顯著　吾人若取今日業務發展之報紙，與十餘年前之報紙一相比較，當知廣告進步之情狀，有出於吾人之逆料者，倘更再取若干年前報紙上之廣告，詳爲審察，則今日報紙廣告之繁密，詞句之精警，繪圖之美妙，或非彼時經營報業者所能夢想，此種發展情形，固由於時代之進步，然亦係報紙銷行日暢，廣告發揮效能之明徵也。在昔從事商業者，只求貨眞價實，童叟無欺，便盡經營之能事，故我國儘多百年老店，不知廣告爲何物者，但其業務範圍，只限於一城一邑之內，未可遍及於各地；尤未可角逐於海外，且其營業數額，亦難望逐年增進。自廣告作用，隨報紙銷路而發揮效能後，各方對於廣告，漸感興趣，認識日臻深切，於是守舊之商人，亦不以登廣告爲浪費，而明瞭廣告之作用者，多藉報紙宣傳，作爲擴展營業之臂助。茲以捲烟言之，捲烟之銷路，純恃報紙廣告爲武器，蓋市上所售之捲烟，種類繁賾，吸者嗜好，非旦夕可成，欲以初出之烟，引起大衆興趣，非刊登若干時日之廣告不可。既引起大衆之興趣，或養成吸者之嗜好矣，將如何繼續保有之，使暫時之吸者，成爲永久之顧客，則又須繼續刊載廣告，否則捲烟出品，日新月異，廣告偶爾中斷，吸者且捨此而他求矣。不當唯是，廣告圖畫與詞句，尤須適應時代，推陳出新，務獲讀者優美之印象，深切之好感，故同一地位也，同一廣告也，而所予讀者之感覺，或臧或否，是在製作廣告之技能爲何如耳。或謂捲烟廣告，日日見之，豈捲烟與其他商品不同，非藉廣告無以圖存耶？作者之解答曰：然，捲烟之爲物，嗜之者朝夕吸之，無間寒暑，故需要廣告之助力，尤爲殷切，以其無季候性也。至若盛暑之冷飲，惟夏季始有廣告；而毛織品與皮衣，非冬令宣傳，亦無由致其顧客也。此外，或又以廣告刊費爲昂貴者，登載全頁，輒數百金，效力鉅細，無由預測，此語驟聞之似亦言之成理，然吾人苟作精密之研究，則報紙廣告，自有其效能，所取刊費，自有其價值。茲以事實言之，今有一新出品焉，經營之者不願於報紙刊載廣告，甯願斥數百金，自印宣傳品，廣爲分發，但此項宣傳品，將如何普遍散發乎？除一地以外，能普遍及於各地乎？抑且所發給之人物，爲理想之顧客乎？曰，一切殊無把握也。今者我國最大之報紙，日有銷路十五萬份，此十五萬份之報紙，普遍於各地，平均以四人共讀一份，閱之者，或且逾六十萬人，此六十萬人，皆爲識字者，且屬於各個階級。試思以數百金之廣告刊費，得六十萬人之注意，其價値爲何如耶？所發揮之效能，又爲何如耶？

具有新聞價値　報紙之讀者，於披閱新聞之餘，必注意於各種廣告，蓋廣告所載，包羅萬象，亦含有豐富之新聞性也。吾人硏察廣告內容，除商品擴展銷路外，其他廣告，若舟車航行之時刻，社團集會之日期，電影戲劇之節目，雜誌書籍之發行，無在而不含有新聞意義，其新聞價値且超過廣告本身而上之。至於人事廣告，若死亡，出生，與夫婚嫁之事，尤層出不窮，盈篇累幅，均爲各方所注意；或未能於新聞中覓得者也。報紙中之分類廣告，更富於人生意味，凡吾人所欲知，所欲得之物，均於分類廣告中見之。此種廣告之內容，有招致職員者，失業之輩，每於其中尋求機會，有圖謀職業者，自述經歷與能力，公開待僱，以上兩類，無論中外報紙，無日無之，可知社會失業問題之嚴重也。他若出售類，汽車類，租屋類，飲食類，遺失類，醫藥類，徵求類，聲明類等，更千奇百怪，無所不有；而出售類之廣告，則舉凡日用之品，大至書櫥；小若咖啡壺，莫不隨時可見，家庭主婦，尤喜詳爲披閱，以求適宜之物。吾人欲研究社會生活之眞正情況，無須訪之街頭，只須一讀分類廣告，即可知某一時代之背景矣。綜上所言，報紙廣告，無論屬於任何一方面，均含有若干新聞價值，即以商品而論，果價廉物美，刊載廣告之後，銷路大暢，在出售者自獲相當利潤，而購之者，以適宜之代價，得有用之物品，亦復甚善，廣告雖爲媒介，要亦有利於公衆之事也。吾人又嘗見內容晦澀之報紙，銷路既蹙，廣告亦甚寥落，縱以人力招致長期廣告，讀者日日見之，匪特絕無好感，抑且積久生厭，此無他，蓋由於缺乏新聞價值也。

富於藝術意味　廣告非特具有新聞價值，且又富於藝術意味，何以言之？願申吾說。吾人披讀報紙，對於文字廣告，排列緊密，且又冗長者，每不喜詳加閱覽，獨於圖畫廣告，致其欣賞之意，或注視甚久，不肯舍去，以其具有藝術氣韻，能引人入勝也。今之製作廣告者，擬定一稿，多未敢輕率揭布，必再三搆思，以求完善，若何佈置格局，若何繪製圖畫，若何穿插詞句，若何選擇地位，均審慎將事，期無瑕疵，以迎合一般人之心理，故一稿之成，不知費去幾許心血，始臻美善。嘗聞歐美廣告書圖，多出自名家手筆，一畫之值，輒數千金，若夫我國，繪製廣告，雖未及歐美之精細，然近數年來，亦進步甚速，非復往昔之專以文字爲資料矣。普通報紙廣告，因印刷與紙張質地關係，不宜採取銅版，宜用鋅版，表現黑白線條，於是方可印刷清晰。譬之衣服廣告，有無數美術花紋，攝製鋅版，始能以網線作用，將花紋顯露，若改製銅圖，則雖有網線，經過報紙印刷後，縱機器精良，恐亦未逮鋅版之美妙。此外，繪製廣告，美術家之設計，往往隨時代潮流，以藝術的觀點，謀大衆之忻賞，以木刻而論，在某一時代中，各方盛行木刻，於是擬製廣告底稿，亦競作木刻，人物花鳥，栩栩如生，筆致之細膩，格局之嚴整，儼然一名畫也，非牟利之廣告也。自印刷術日趨進步後，報紙有印爲彩色者，廣告乃亦利用此點，套印彩色，美麗燦爛，此又勝過單調之黑白線條矣。在歐美各國，報紙刷印彩色廣告，惟星期日之增刊中始有之，如在平時，則以手續繁瑣，需時較久，至不易爲。以言我國報紙，間亦時印兩色之廣告，取價較普通廣告爲昂，故尙未普遍。總之報紙固以報道消息，建立輿論爲職志，然在大體上觀之，亦極需要具有新聞價值之廣告，爲之點綴，況此種廣告，更富於藝術意味者乎？在登廣告者固恃報紙力量達到目的，然報紙亦藉廣告收入，爲自給自足自主之資源，故報紙與廣告之互相需要，實爲不可否認之事實也。

第二節　如何發生效能

廣告之有無效能，以報紙讀者之多寡爲斷，銷行廣遠之報紙，讀者既多，效力自宏，此爲一定不易之理。然而此爲報紙銷路之事，廣告本身方面，亦有應行注意者兩端：登廣告者，當知營業之發展，不能專恃廣告，必有良好之出品，精密之管理，以及幹練之推銷員，相互策動，然後始收宏大之效果，此其一。廣告之製作，現已成爲一種技術，能文章者未必能作廣告，精繪事者未必能書廣告，如何確定宗旨，如何調查市場，如何把握大衆心理，更如何避免不必要之靡費，均爲刊登廣告之先決問題，上項條件，如能圓滿解決，亦可收宏大之效果，此其二。昔之商人，對廣告原理，初甚漠視，只知化費若干金錢，於報端刊廣告，即希望有相當之收穫，此種錯誤，言之可嘆。最近十餘年來，大城市之商店，改變以往之心理，延攬專家，從事計畫，製作稿件，漸有可觀，故報紙所載，推陳出新，索然無味之廣告，已日趨淘汰矣。作者昔曾從事廣告，嘗蓄有淺薄之意見，茲請分別陳之：

廣告之作用　以言廣告原理，不過爲一種無形之力量，購買之宣傳而已，仔細言之，似嫌詞費，茲請先述廣告之作用。普通商人，刊登廣告，只求速效，對於廣告作用，往往忽視，其實揭載廣告，除推廣分銷，增加顧客外，尚有若干重要之作用在焉：一，引起需要也，吾人時於報端，見各種商品廣告，初本無所需要，積日既久，稍增興趣，油然而興起需要之心。方冰箱之初來中國也，人不明其構造，經過廣告之指示，始知用法簡便、於是[illegible]、銷路大暢[illegible]商品保證也，所謂商品保證者，係以商品之裝璜，形式，商標等刊載廣告，使人易深切認識，一購此物，如晤故人，並可免他人之仿冒。三，劃一貨質也，商品質地、關係重要，譬之衣服，孰爲羊毛，孰爲棉毛，質地既經規定，購者耳濡目染，不致爲人所紿。四，預防競爭也，凡出產貨品之廠家，在專利期內[illegible]法律之保障，及至專利之期既過，各廠家勢必紛紛仿效，與之競爭，[illegible]項專利品於[illegible]有充分之廣告，則社會早具良好印象，勿慮他人之競爭矣。五，變更習慣也，有時廣告之作用，可以變更習慣，使季節之影響，得以減少。以美國可口可樂公司而論，其所出之冷飲品，原爲夏季所用，惟該公司利用廣告之鼓吹，使社會明瞭，此項冷飲，並不限於夏季，即冬季亦可飲之，其廣告之標題曰，口渴不知季節，即此意也。六，保持顧客也，吾人之喜用某種物品者，日久必成嗜好，但有時爲新出品所誘惑，或須變更意志，故出品廠家必多登廣告，保持原有顧客。凡上所述，俱爲廣告主要作用，刊登廣告，能否發生效能，要在製作者之如何搆思耳。今之登廣告者，只圖眼前利益，未有永久計劃，或偶斥鉅資，作短期之嘗試，或時登時輟，無一定之宗旨，糜費金錢，一無效果，是皆未明廣告之作用也。

費用之規劃　既明廣告之作用矣，即應規劃廣告之費用。於此，吾人有一事應加注意者，即廣告費用，不能視爲浪費，或作爲交際費用，應認爲正當開支，其性質與職員之薪水相等。當計畫刊登廣告也，務使化費若干金錢，即收若干之效果。一年之內，共得廣告費若干，如何使用，均應於事前有精密之規定，用於報紙者幾何，用於雜誌者幾何，用於有價值之刊物者幾何，用於路牌或舟車中者又幾何，每種之內，若何計畫盡善，必多方研究，始克有濟。我國商人，近年來對於廣告，亦有深切認識，年度開始，營以廣告用費，列入預算，惟主持之者，規畫未盡精密，每歷時數月，即將全年之經費，化用淨盡，夷考其故，殆均以招攬者情面關係，礙難拒却，於是任意支配，漫無限制，及至眞正需要登載廣告時，反無以爲繼，此種現象，即以上海之商店而論，往往如是。至若有組織之商店，則異乎是，廣告事務，既有專人主持，繪圖設計，亦具方針，如何運用，均有限度，故全年之中，廣告費用，不虞或缺。作者嘗言，欲覘一商店或一公司之盛衰，只須注意其廣告之如何表現，即可知之，蓋廣告費用之均衡，可以明瞭其調度之得當，廣告設計之巧妙，可以獲知其營業之方針也。

市場之調查　刊載廣告，至不易爲也，吾人對於廣告之設計，固應極端重視，但於製作廣告之先，尤有一重要步驟，不可不加以研究，此種步驟爲何，即調查市場是也。吾人經營商業，於創辦之初，絕對不能以固定計畫爲標準，必須因時制宜，適應環境，故於出品行世之際，所需要廣告之助力，或不甚亟亟，就事實言，亦無需乎多量之廣告，因廣告之多寡，須視營業推進之程度爲轉移，但營業如何而後始可推進，又不得不賴廣告爲之前驅。至廣告若何着手，自當先注意於出品之內容，與夫消費者之爲何種人士，此即所謂調查市場也。大抵調查之步驟，分爲兩點，第一點爲調查出品之本身，第二點爲調查市場。茲先從第一點調查出品之本身言之，蓋設計廣告者，對於出品，應先有深切之認識，凡出品之用途何在，是否滿足人生需要，以何種原料製造等，均當研究清楚。其次若此種出品與別種出品之比較，以爲何級人士所需要二端，亦應明瞭，吾人須知詢問之資料愈多，則製作廣告時，所應用之資料，亦愈有價值矣。至第二點之調查市場，將從何入手乎？曰，應以若干問題，列諸一紙，直接寄與用戶，寄出之問題愈多，則其答案亦愈夥，將來彙總整理，分門別類而歸納之，可得一有系統之材料，又關於推銷員方面之應調查者，若現在每人之銷路若干，希望之銷路若干，其他同業推銷之成績如何，城市與鄉村之銷路如何，各區之售價如何，均宜分別研究，獲得結果，庶可明其缺憾而思有以補救之。補救之道，自以從改良出品入手，惟他方面卽可以廣告宣傳，匡救其不足矣。

廣告之設計　上述之市場調查，爲純粹爲搜求廣告資料而發也，廣告之資料旣得，卽應設計廣告之原稿。廣告之設計要素有二：第一，應確切認識此項廣告預備登載之刊物，其大多數讀者爲何種人物，商人乎？運動家乎？學生乎？抑職業界中人乎？捨此而外，更須研究讀者對於閱覽該物之目的，譬如吾人每日讀大報兩種，小報兩種，此四種刊物雖同爲報紙，而內容與立場，各有不同，讀甲報而欲求其豐富之消息，讀乙報而欲

Winter Sunshine Cruises
SPANISH MAIN · RIO DE JANEIRO
WEST AFRICA · CAPE TOWN
TRISTAN DA CUNHA · ST. HELENA
*Strathmore **Viceroy of India
*14 JANUARY to 15 FEBRUARY · FARES FROM 64 GNS.
**20 JANUARY to 7 MARCH · FARES FROM 92 GNS.
P&O
14 Cockspur Street, S.W.1. 130 Leadenhall Street, E.C.3. Australia House, Strand, W.C.2 or local agents.

分類廣告一頁

"Where shall we stay?"

ARIZONA
Chandler
San Marcos Hotel and Individual Bungalows.
Litchfield
The Wigwam.
Phoenix
Hotel Westward Ho.
Tucson
Pioneer Hotel.

ARKANSAS
Hot Springs
Majestic Hotel and Baths.

CALIFORNIA
Los Angeles
The Ambassador.
Palm Springs
Desert Inn.
Santa Monica
Miramar Hotel.

DISTRICT OF COLUMBIA
Washington
Continental Hotel.
The Dodge Hotel.
Hay Adams House.
Wardman Park Hotel.

FLORIDA
Daytona Beach
Princess Issena, The Inn and Cottages.
Jacksonville
George Washington Hotel.
New Mayflower.
Hotel Windsor.
Miami Beach
The Flamingo.
The Nautilus Hotel.
St. Petersburg
Huntington.
Jungle Hotel.
Princess Martha Hotel.
St. Petersburg
Vinoy Park Hotel.
West Palm Beach
George Washington.
Winter Park
The Alabama.

GEORGIA
Sea Island
The Cloister.
Thomasville
Three Toms Inn.

MARYLAND
Baltimore
The Belvedere.

MASSACHUSETTS
Boston
The Copley-Plaza.

MISSISSIPPI
Pass Christian

NEW JERSEY
Atlantic City
Chalfonte-Haddon Hall.
Atlantic City

The Traymore

NEW MEXICO
Carlsbad
La Caverna Hotel.

NEW YORK
New York City
New York City
The Gotham.
Hotel Pierre.
The Plaza.
The Ritz-Carlton.
Savoy-Plaza.
Hotel Seymour.
The Vanderbilt Hotel.
New York City

The Waldorf-Astoria

George Washington.
Watkins Glen
Glen Springs Hotel.

PENNSYLVANIA
Philadelphia
Bellevue-Stratford.

VIRGINIA
Richmond
The Jefferson.
Virginia Beach
Cavalier Hotel and Country Club.

WEST VIRGINIA
White Sulphur Springs
The Greenbrier and Cottages.

BERMUDA
Hamilton
The Princess.
Paget-West

分類廣告，最富於生活意味，美國報Chicgo Tribune 分類廣告最多，趣味濃郁。除報紙外，美國雜誌，亦多有分類廣告，上圖爲地理雜誌所載之旅館分類廣告。

知其犀利之言論，至小報兩種，則以消遣爲目的。故雖讀四種報紙，而觀感不同，吾人即宜利用讀者此種心理，無論文字與圖畫，務以獲得若輩最大之興趣爲主，即以相當貨品之廣告，刊於相當性質之報紙也。第二，廣告設計，應求眉目清醒，欲達到此種目的，須注意寫意之集中，及文字之淺顯，所謂集中者，即讀廣告所希冀之最大目的，應成爲全部廣告之中心，其餘煊染附會者，附之固無不可，要以不影響主要中心爲最宜。所謂文字淺顯者，即使廣告中所用文字，爲一般讀者所易了解，明顯簡單之外，又須富有生氣及力量。設廣告之中，須附以圖畫者，則文字方面，應力求與圖畫相策應，藉以增讀者之情緒與刺激。要之，廣告設計，除上述諸點外，必須把握大衆心理，適應時代環境，始可發揮廣告效能，非然者，墨守舊法，一無生氣，縱以極大篇幅登載，亦無濟於事也。

廣告之糜費　今之登載廣告者，其唯一目的，在乎速登速效，一如作戰之速戰速決然。其實欲求速登速效，應先備具一切必需之條件，倘一無準備而希望速收宏效，則爲事理所必無者，且所付廣告之代價，必虛靡浪耗而一無所得矣。間嘗研究廣告靡費之原因，厥有七端：一曰未先考察市場也，市場調查，爲廣告政策之根據，作者前已言之矣，倘市場實況，未臻明瞭，貿然刊載，與實際需要，不相脗合，其廣告必絕無效力可言。二曰工作未加研究也。在未登廣告之前，對於進行工作，以及所希冀之目的，均宜先加研究，然後設計，否則難臻完善。三曰各部缺乏合作也，各部缺乏合作，亦爲廣告失敗原因之一，設計廣告者，宜與製造部份，會計部份，及售貨部份有密切之聯絡。四曰無固定之政策也，廣告必須有固定一貫之政策，倘因一時失敗而心灰意懶，時時改變宗旨者，其結果亦必失敗。五曰上下不相聯絡也，廣告之擬製，固須與公司各部份合作辦理，同時對於各推銷員，零售商等，亦宜有相當之聯絡，俾求上下意見一致。六曰廣告繪製欠佳也，廣告之繪圖設計，如不甚完善，而貿然揭載，亦爲失敗之由。七曰無充分之佈置也，廣告刊登時，必須將貨物於事先分佈於各零售商之店鋪間，否則廣告登出而貨物無處可購，亦徒耗廣告費而已。上述七端，俱爲廣告靡費之主要原因，登廣告者不可不審慎從事也。

報社之服務　本書所述，似偏於廣告理論，而忽視實際情形，茲提出報社對於廣告應有相當之服務，一申論之。吾人試取銷行最廣之報紙，一為審察，則自第一頁以至末頁，無不充塞廣告，詞句雅潔，圖畫美妙者有之，意義晦澀，設計平凡者亦復有之，若以最佳之廣告與最劣者一相比較，其程度之差異，殆不可以道里計。夷考其故，厥為認識廣告作用，而經專家設計者，僅佔百分之三十，其餘刊登廣告者，雖亦籠知廣告之為益，但知其然而不知所以然，故計劃廣告，乃無精心結構之作，是可惜也。在報社方面，只知得若干代價，給若干地位，初未曾有相當之服務，至於刊登之後，是否獲有效果，更不加顧問，於是報社與顧客距離甚遠，永無接近之機會，而經營廣告公司者，乃藉此因緣，為兩者媒介，坐獲雙方利益，為報社着想，誠不智之甚矣。處今日商戰劇烈時代，無論何業，莫不以服務二字號召於世，報業與各方接觸最易，允宜保持服務之旨，時時為顧客着想，方可獲到最大之同情，抑且報紙本以服務社會為職志也。作者鑑以報社對於廣告之服務，不外三端：一曰如何爲顧客節省金錢也，按刊登廣告，不在地位之大小，而在揭載之適宜，譬之遺失廣告，以登於分類欄最爲恰當，倘顧客不明此指，貿然持稿，選登封面，刊費固昂而收效相等，爲報社者，似應語以習慣作用，爲之改登分類廣告。此事在淺識者之意見，必以爲不當，蓋分類廣告，刊費甚微也，其實爲顧客節省一時之金錢，即爲自己建立永久之信用，倘此顧客將來再登廣告，非直入此報社之門不可矣。二曰如何爲顧客計畫廣告也，廣告是否發生效力，一以設計之優劣爲標準，規模較大之報社，應設立服務部，爲顧客計畫繪圖製版之事，普通商人僅知於報紙登一廣告，即可吸引顧客，殊不知寫意之集中，圖畫之策應，在在爲廣告發生效力之標準，倘一時無法覓取設計專家者，報社勢不得不代負其責任矣。三曰如何爲顧客調查市場也，此所謂調查市場者，蓋指市面一般情形而言也。今有一新出品焉，欲以鉅額金錢，刊載廣告，從事推銷，但對於地方人士之性質，思想，嗜好，購買力，與夫一般經濟情況，均不明瞭，爲報社者，即應予以極大之幫助，盡舉所知，抒誠相告，務使顧客有圓滿之效果，苟能如是，在出品者固蒙其利益，報社方面，亦可得鉅額之廣告收入也。

以上所言，絕非艱鉅工作，亦無鉅大支出，報社果能行之，則業務之進展，必倍於往昔。

第三節　廣告種類分析

吾人苟以餘暇，研究近年來報紙之廣告，歸納而分析之，誠爲一極有趣味之問題，廣告固具有新聞價值，同時又足反映某一時代經濟之情狀，凡社會間一切動態，自廣告中所顯露者，較之新聞陳述，尤爲眞切，蓋廣告多爲各個份子自己所刊佈之文字也。作者於寫此文時，曾取上海銷路最廣之報紙，研究其各種廣告之內容，深感興會，其時上海淪陷，將近一年矣，社會間種種變態之發展，俱可於廣告中一覽無餘，茲姑取此一日間廣告之情態，分別言之：

一日間之廣告　此一日所發行之報紙，爲五張半，廣告總數，爲七百三十五起，此蓋不論其地位之大小，連分類廣告合併計算在內者。以言廣告之性質，就作者歸納分析所得，約可分爲十五類：（一）醫藥化妝品類，一百十一起，（二）游藝類，九十起，（三）人事類，四十二起，（四）船期類，四十起，（五）食品類，三十起，（六）出售物品類，二十七起，（七）銀行類，十起，（八）學校類，八起，（九）百貨公司

類別	數目	百分比
醫藥化妝品類	111	15.10%
游藝類	90	12.24%
人事類	42	5.71%
船期類	40	5.44%
食品類	30	4.08%
出售物品類	27	3.67%
銀行類	10	1.36%
學校類	8	1.09%
百貨公司類	7	0.95%
星相類	6	0.82%
出版物類	3	0.41%
香烟類	2	0.27%
書畫類	2	0.27%
獎券類	1	0.16%
分類廣告類	356	48.43%
總數	735	100.00%

類，七起，（十）星相類，六起，（十一）出版物類，三起，（十二）香烟類，二起，（十三）書畫類，二起，（十四）獎劵類，一起，（十五）分類廣告類，三百五十六起。若再以百分比率，則所得結果，如上頁之表格。

吾人根據上表所示，可知廣告發展之趨勢，然上述廣告之內容，猶有簡單說明之必要：

醫藥化粧品類 所謂醫藥化粧品者，係指醫生，藥品與化粧品而言。自江浙沿海諸省淪陷後，凡中產以上之人士，稍有積蓄者，類多遷入租界，向在內地縣壺之中醫，亦相率來滬，爲號召於同鄉計，勢不得不利用廣告，兼之滬地原有醫生，亦恃廣告招徠病人，於是醫生廣告，乃驟形發達。至藥品與化粧品之廣告，則向極繁多，毋俟贅述。

游藝類 此類廣告，包括電影，舞場，劇場，游戲場，平劇，話劇，書場等，其中尤以影戲院，舞場之營業最爲發達，平劇書場次之；蓋自上海淪陷後，留居租界者，感於精神苦悶而又無從宣洩，只得暫享安樂，入於頹廢之途，重以避難之各地人士，飽食終日，無可排遣，紛謀享樂之法，於是青年人沉溺於舞蹈電影，而老年人乃以聽歌觀劇爲日課，此誠前所未有之現象也。

人事類　人事類之廣告，若結婚，訂婚，報喪等屬之。滬地人口，既已增加，死亡率之增高，在所必然，殯儀館爲發展營業計，亦於報紙中刊載廣告，以謀推廣。

船期類　往昔報紙船期廣告，數量甚少，乃最近船期告白，竟佔百分之五·四四，此其原因，蓋以上海淪陷而後，鐵路公路交通，完全閉塞，內河小輪，在外商經營之下，遂爲唯一之交通捷徑。

食品類　戰後人口衆多，菜館茶室，應時而生，此等廣告，以屬於此類型者爲多。

出售物品類　若無綫電，手飾，刀片，服裝，床鋪，眼鏡及其他雜物等屬之，就中尤以手飾出售之廣告較多，床鋪店之廣告次之。

銀行類　國都遷渝後，金融重心，移至香港，規模較大之銀行，幾無廣告，茲所見者，俱爲新興之銀號，蓋欲吸收集中上海之游資也。

學校類 作者寫此文時，已爲十月，各學校多已上課，故招生廣告，寥寥無幾，若在前兩個月，則學校廣告，幾達百分之十五。

百貨公司類 百貨公司之廣告，在承平時代，幾無日無之，但在此際，顯已減少。

星相類 較廢曆新年時爲少，但仍有六起，佔百分之〇·八二。

出版物類 出版物之貧薄，在今日之上海，可謂至於極點，甚至有無書可讀之感！往昔刊物廣告，泰半集中於上海之報紙，幾佔百分之五，今竟百分之一，尚嫌不足，照前表所示，僅爲百分之〇·四一，可知出版物之重心，已移至內地矣。

香烟類 雖僅二家，佔百分之〇·二七，惟地位較鉅。香烟工廠，什九燬於炮火，無法繼續營業，故廣告更不暇計及矣。

書畫類 往昔書畫展覽，視爲雅事，同日舉行者，多至若干處，今亦寥落萬狀。

獎券類 亦只慈善獎券一家，廣告設計，較昔之航空獎券爲次。

分類廣告類 分類廣告，富於生活意味，舉凡吾人所欲購之物，欲知之事，幾無不於此中得之，故其總數爲三百五十六起，達百分之四八·四三，言其種類，有聲明，遺失，房屋，召租，招頂，放款，通行證，出售，徵求，聘請，待聘，舞蹈，推盤，受盤等十餘部門，而每個部門之中，又分爲若干種，若遺失類中之有支票，本票，存單，存摺，印鑑，圖章，股票，提單，棧單等是也。

綜上所言，報紙廣告，在新聞價值上，與消息同樣重要。某一時代之廣告，足以覘某一時代之經濟背景，與夫社會之榮枯。吾人細察今日上海報紙之廣告，當知此種進步，實爲社會畸形發展之明徵，蓋各方避難人士聚居於是，游資集中於是，一切需要，復取給於是，遂形成局部暫時繁榮之現象，其實此種繁榮，一俟時局底定，人口疏散，即隨之崩潰，決無持久之可能也。

於上述各類廣告之中，最值得珍視者，厥爲分類廣告，總數爲三百五十六起，佔百分之四八·四三。如以刊費之收入觀之，則分類廣告刊例最廉，殊不足道，但其估量，反在一切廣告之上。因營業廣告，以招徠顧客爲目的，其作用只在乎吸引，分類廣告之性質，係合乎大衆需要，營業成分，比較減少，雖詞句不多，然影響所及，較[illegible]告，反有力量也。譬之吾人遺失圖章或重要單據，非登報聲明，不足以判明責任與主權，此項廣告，絕無營業意義也，惟作用則非常重要。又如上海人口衆多，覓屋困難，於報端偶見廣告，得一適宜之住宅，於是人爭趨之，不惜重價，此合乎大衆需要也，與營業廣告，又不相同。抑尤有進者，營業廣告，可以招攬而得，分類廣告，則無從招攬，又營業廣告，係希望於登出後發生若干作用，而分類廣告，則先有作用而後始行登載，故論報紙之價值者，恆以分類廣告之多寡爲斷。

第四節　廣告代理人

在報紙與廣告顧客之間，有一廣告代理人焉，爲登廣告者司計畫轉遞之責，而於其中博取若干佣金，此類組織，於報紙進展之過程中，同時並進，已形成雄厚之勢力。廣告代理人，又可分爲廣告公司與廣告掮客二者，茲就所知，分別言之：

廣告公司　考廣告事業，以美國爲最發達，彼所謂廣告公司 Advertising Agency 者，其業務除爲日報紹介廣告外，又致全力於各種定期刊物之廣告，良以美國雜誌，種類繁賾，銷數廣大，勢力雄厚，在社會上所佔之地位，殊不亞於報紙，故美國商人，所費於雜誌廣告之費用，數亦不尠。美國每年廣告之用費，雖無正確數額可稽，但據專家估計，總數約爲一，二五〇，〇〇〇，〇〇〇金元，其半數耗於報紙，雜誌方面，約佔一五〇，〇〇〇，〇〇〇金元，他如利用郵寄印刷品，目錄等之直接廣告，則爲三〇〇，〇〇〇，〇〇〇金元，其餘用費，則屬於影片，窗飾及贈送樣品之需。美國廣告公司之特質，厥爲多求服務，市場如何調查，底稿如何製作，均以適應大衆心理，切合主顧需要爲原則，故廣告公司，必費盡腦汁，作種種之服務，始向顧客取得酬報，決非博取佣金，不勞而獲，此稍知美國廣告事業者，類能道之者也。我國之廣告公司，以上海爲最發達，以最近情況言之，一切組織，悉仿美國之成規，惟以環境所限，範圍比較狹小，而經營業務之精神，亦未盡注意於服務之原則，故猶未可達於理想之境地。上海之廣告公司，除華商經營者外，尤有洋商數家，業務種類，大致相仿，除代顧客計畫廣告，路牌廣告，贈送樣品外，幾以全力注意於報紙報告，除上海報紙而外，且以各種廣告，轉登內地之報紙。吾人試取上海之報紙，一加審察，則知廣告之來源，什九來自廣告公司，卽新創之店舖，裝修尚未竣事，廣告公司，已千方百計，與之取得接觸，必使新店之廣告，全部歸其支配而後已。報社方面，處此競爭時代，亦圖振作，但以歷史悠久，積重難返，亦殊尠改善之方法。作者以報人立場，認為報紙廣告，如完全操縱於廣告公司之手，就原理上論之，實弊多而利少，請先陳其弊，一曰，養成倚賴心也，報紙既恃廣告公司代招廣告，本身卽無上進之念，縱有新興商業，可以招致，但以廣告公司聯絡在前，只須本報有此廣告，似不必直接接洽。二曰支配權操諸他人也，據上所述，支配之權，既已操諸廣告公司，報紙本身，卽無自由接洽之餘地，關於地位之大小，刊登之次數，只得一任他人宰割。三曰與顧客隔離太遠也，報紙既恃廣告為其生命之淵泉，則對於任何顧客，均應取得密切聯絡，一方面固爲本身營業着想，同時亦可就若干範圍，與顧客以相當幫助，今廣告公司從中爲之阻梗，報紙與顧客間之關係，隔離太遠，自無相互合作之機會。四曰減少直接廣告也，報紙廣告折扣，本有相當限度，惟狡黠之廣告商人，能以取巧方法，賺獲少許利潤；而廣告刊費，反視直接送至報社者爲廉，積日既久，直接廣告，均趨向廣告公司以去，於報紙信譽，不無損失。五曰易受利用也，按照出版法規定，凡以廣告啓事等方式登載於出版品者，其限制與登載新聞相同，此蓋爲防止違法事件，或利用廣告地位刊佈，故報社對於廣告之辭句，異常鄭重。惟於廣告公司轉送之告白，防範稍疏，此其用意，似以送稿人既極可靠，而廣告詞句，當亦無可訾議之處。殊不知社會間卑劣份子，卽利用此點，肆其技倆，昔者曾有人以訂婚廣告，送諸廣告公司，翌日刊佈，則此訂婚之對象，已另易一人，故間接送來廣告，易受利用。凡上所言，均爲其弊，且極顯著。若言其利，則廣告既經廣告公司轉手而來，刊費自當負責收取，在報社方面，多一重保障，所謂利者，僅此而已。

廣告掮客　廣告公司而外，尤有私人經營廣告業務者，統稱之曰廣告掮客，雖亦以廣告公司名義相號召，但範圍狹小，人手奇缺，根本無所謂服務，僅以種種方法，博取少數收入，供個人之生活而已，言其內容，亦極複雜，殊無詳述之價值。

綜上所陳，吾人就廣告公司方面言之，能努力進取，能支配一切，似應樂觀其成功，但進一步言之，廣告公司亦恃報紙爲生存，苟無銷路廣大之報紙，卽無以吸取大量之消費者，而廣告主顧又何從付出鉅大之刊費耶？

更爲報紙着想，報紙固應與廣告公司互相合作，但不可以整個生命，付諸他人之手，應時時力求自助之道，與其苦招廣告，擴張篇幅，毋甯整飭內容，推廣銷路之爲愈也，

第十三章　報紙發行

第一節　報紙銷路趨勢

報紙，商品之一種也，商品以獲得最大銷路，為發展之先決條件。歐美先進諸國，察於報業為近代企業之一，以巨量生產、供應廣大市場；對於出品產銷，計劃經營，莫不赴以全力。我國生產落後，各種建設開發，商務企業，咸不如人，報業猶在幼稚時期，經營產銷諸方、甯能多存奢望？但瞻前顧後，此一瓣之芽，一撮之土，固無日不在滋長生發之中，灌之培之，百丈喬木，可期而待也。今宜於生產及消費二者，多所講求。報紙以發行為基礎；廣告為營養，二者不可隔離者也。

由個人主義之報紙，蛻化而為社會之公器，大量生產之商品，輾轉相承，其間蓋歷無數之變遷。六十年前，我國報紙尚在襁褓之中，民智閉塞，多不知報紙爲何物，其時報館僱有夫役，逐日以所出之報紙，挨戶分送，無知之徒，往往目爲無聊印刷品，未加閱覽；及至月終取費，困難孔多。嗣後風氣漸開，競談時務，報紙銷數，與日俱進，紙張由小擴大，銷數自百進千，以視篳路襤褸，固已竿頭日上，然此猶爲讀報者需要之增進，而非辦報者開拓之功也。

需要之與供應，互爲連繫，基於大衆之需求，報紙銷行乃得擴展，是其原動所在，產生於自然之趨勢，而非出之報紙本身之推動。若報紙能於本身努力推廣，增加銷路，斯卽發行之最大目的。

有生產卽有消費，報紙生產目的之完成，卽爲報紙之消費是也。供給與需要相對立，兩者有相互聯結之因果關係，惟供給與需要之時間，視出產品之性質種類，而互有久暫之別。報紙爲每日發行之商品，其發行之時間，甚至一日間多至數次者，是其生產與消費間所隔之時間，至爲短暫；而二者間之聯結，其關係又至爲密切。卽以日刊一次之報紙言，其生產與消費之完成，至多不過二十四小時；換言之，每一晝夜，皆有繼續不斷之再生產也。在此繁複連繫之過程中，報紙以其循環之方式，而達於消費者之手。凡社會上報紙流傳到達之處，無一而不有報紙之消費市場，而一般讀者，無論屬於任何階段，咸爲報紙之消費者也。

生產方法之變遷 自產業革命以還，各種生產工具，換人力而爲機力，由粗陋之製作方式，進而利用精密之機器，一變小數之生產力，而爲大量之機器製造；社會經濟結構從而再造，此近百年來之一大轉變也。各業如是，報業亦如是。彫板木刻，製作簡陋，姑勿具論。卽以印刷一項言，向之以人力手搖足踏者，今已改爲電氣發動，數十萬字之報紙，經年纍月而不能完成者，今可以數分鐘之時間，印刷齊備，送達於消費者之手。故今日歐美之報業，與其他企業，如鋼鐵，紡織，汽車，電氣等，同爲資本主義下之驕子矣。

消費市場之獲得 報紙之發行，以獲得最大銷路爲第一。我國向日之經營報業者，未始不欲得廣大之銷路，以增加其報紙之收入，惜以生產工具欠佳，各方需要又微，數十年來，囿於「預約生產」之中；所謂預約生產者，又可稱之爲顧客生產，以顧客之需要，而定其生產數量之謂也。近十餘年來，辦報者漸知此種方式，不足以求得報業之充份發展，而維持其生命於永久；一方面又受機器製造之影響，生產驟增，在勢更不得不求得廣大之銷路，於是一變往昔之被動地位，而入於「市場生產」之主格，以獲得最大之消費市場，爲其生產之最後目的。欲求消費市場之獲得，自以把握多量之消費者爲前提。促造讀者之需要，引起大衆之注意，開拓之，維持之，凡此種種，均有待於發行政策之推行。如何而報紙可以獲得銷路？如何而可以獲得新讀者？如何而可以永久把握讀者？決非一蹴可幾。今姑以近來各報，於發行上所視爲重要者，分述之：一曰維持信用，避免虛僞消息之揭載，維護社會大衆之利益，視消費者爲友，以獲得其確切不移之信仰。二曰整飭報容，使報紙之外觀，整齊端莊，注意紙張，油墨，印刷，組版，予讀者有良好之印象，以養成其持久閱讀之習慣。三曰售價適合，無故不增價，宜力求低廉，以期普遍銷行。四曰遞送快捷，注意分送之方法，工具，及夫役，隨時隨地顧及消費者之取給便利。

影響發行之因素　報紙銷路之開展，以獲得最多數消費爲首要，已如前述。但於此不得不注意者，卽報紙立場各有不同，或以政治主張見長，或以經濟新聞爲主，一報有一報之政策，不能同納於一轍，且亦不必強其相同也。從事於發行者，當先明瞭其報紙之對象爲何，庶不致以整個計劃，擲之虛牝。欲求發行政策之推行，當以調查消費市場入手。報紙消費，通常以其發行地之都市，作爲主要消費市場，以近郊及其他城鎮爲次要市場。無論其爲主要或次要，下列二要素，務須切實認識；一爲經濟要素，如城市之位置，人口密度，市民之職業，生活狀況，及其他報紙之競爭姿態等屬之。二爲社會要素，如讀者之階級，程度，宗教及政治上之信仰，教育及道德之觀念等屬之。關於生產對象之情狀，既已瞭然於胸中，則再當講求報紙自身之立場。無論何種報紙，對於政治之見解，所取之態度等，咸有其一貫之精神。報紙政策之發揚，首爲其評論所取之態度、為刊佈新聞方針，其次即為營業方針——廣告與發行之政策。由此可知發行上之一切工作，皆與其他部份莫不休戚相關，不能以其細碎，而謂為無關大體也。報紙政策之外，當更注意報紙之外形，紙張油墨低劣之報紙，印刷成績必不良，益以排版與標題配置失當，結果必成為「面目可憎」，此種出品而欲求其暢銷，不亦難乎？

時局與報紙銷路　報紙以傳佈消息為唯一職責，讀者以每日獲得新鮮之消息，為滿足其讀報慾望之唯一條件，由是可知報紙而欲吸引讀者，把握讀者，非有未經揭載之新聞不為功，此報紙之所以重視報道，而適應讀者之殷切需要也。往昔訊息傳遞，異常濡滯，新聞採訪，未臻迅捷，甲地之新聞，傳至乙地，時日既久，往往變為明日黃花。最近二三十年來，社會組織，經濟機構，已有顯著之更張，人事之交往既繁，消息傳遞之工具，亦日有進步，[illegible]供應，乃日見增進，報紙因而愈形發展，此為報紙銷路上增之正常狀態。至若近十六年，外患日迫，國際動盪，邦家杌隉，社會大衆注意時局變化，有若饑寒之待衣食，大旱之望雲霓，無形中報紙之需要，幾臻於白熱化之境地。聲望卓越之報紙，其銷路之旺盛，視平時或增倍蓰，姑無論已；即平日不爲人重視之報紙，亦振奮有加，以觸目驚心之巨大標題，用資召號，甚焉者故作聳人聽聞之記載，變本加厲，抹殺事實者有之；刻意渲染，反客爲主者有之；雖其表現於事實者各有不同，而其乘機推廣銷路則一也。更觀最近上海一隅，因環境及需要關係，外商經營之小型報紙，紛至沓來，斯亦時局動盪下之產兒，而爲報紙暢銷之另一反映也。

交通與地域關係　外埠報紙之發行，全視交通情況如何，而爲榮枯暢塞之轉移。我國幅員遼闊，交通阻隔之處，民風蔽塞，難望報紙之普及，今之能以報紙供給社會者，亦祇若干大都市，省會及商埠等處而已。是以報紙最發達之區，如京滬粵漢等地，不但供給其當地之需要而已，凡附郊鄰縣，周圍各城鎮之「精神食糧」，莫不取給於此少數之文化中心。譬如京滬杭一帶，爲東南漁米富庶之區，陸上交通有鐵道公路，水道則河流港汊，如脈絡之於肢軀，地方文化程度，亦大都在水準之上。凡在京滬杭三地發行之報紙，除供給其主要市場之各當地外，所謂次要市場者，卽爲其鄰近數十百里內之城市村鎭。欲求次要市場之發展，交通實爲唯一要素，何以言之？報紙爲一種快速度之生產品，其生命至爲短暫，今日之報紙，遲至明日，其生命縱未完全消滅，其價値則必大爲低減無疑。故當日之報紙，而能當日到達數十百里內之市場者，可保持其原有價値於不墜；反之，遲到一日，卽減低價値一分，距離愈遠者，其價値之低落亦愈大，研究報紙發行者，於斯應三注意焉。

第二節　報紙遞送

發行手續　報紙發行之方法，由其手續言，可分爲兩大類：一爲直接發行，一爲間接發行。若以地區分別，則爲本市發行，與外埠發行是。執行報紙發行事務者，爲營業部之發行科，事務煩劇細瑣，較之其他部份，稍有不同，蓋發行科所管理者，爲價値銅元數枚一份之報紙，雖每年三百六十日所處理者，爲一種一成不變、由數頁紙張折疊而成之商品，但其主顧則多至數萬或十數萬戶。一方面須逐日將此數頁之紙，如何以最快捷，最經濟之方法，送達每一個主顧；而另一方面又須籌劃，如何擴充銷路，如何獲得新閱戶，如何保持原有之讀者，使其連續訂閱，又如何使中途停止；或改閱他報之定戶，得仍舊賡續。凡此種種，均係發行科應負之職責，而發行對於報紙之重要性，當亦不言可喻矣。報紙一經印就，而脫離印刷房，即爲發行科事務之開始。凡屬直接發行者，即由報館利用郵遞，或分送方法，直接送達於定戶。如係間接定戶，則由報館以總包送達承銷或經理人，由其按戶分送。其間發行科所做之工作，如登記，入賬，配報，標簽，補報，收款，以及送報夫之支配，運送車輛之調度，郵寄包紮等等均屬之。

直接定戶 直接定戶者，直接發行之對象也。不論本埠或外埠，定戶直接向報館訂報，統稱之爲直接定戶。直接定戶之與報館，在經濟上，服務上，無第三者之隔離，就報館言，收入方面利益無剝削之虞，在訂閱者方面，報館對定戶之服務，係直接手續，較爲敏捷而周到，故報館之對於直接定戶，自較普通者爲重視也。如係本市直接定戶，報館卽每日由專僱之送報夫，按照規定路線，將報紙於一定之時間遞到。在外埠者，讀戶直接向報館訂報者，則逐日由發行科寄報。由分館，報局，或代理處訂閱者，則異是，須由當地之分館或經理人，於接到躉批之報紙後，始挨戶代爲分送也。

零售躉批　本市發行一稱城市發行，爲報紙發行中最困難而又最複雜者。任何報紙在其發刊地之本市內，其讀戶常比較別處爲多，且報與報間競爭亦較劇。報紙爲鞏固其根基地點之銷路起見，自不得不用最快速，經濟有效之方法，爲千萬之讀者服務。零售卽街賣，吾人常見街道路角，報販引吭高呼，以吸引主顧者，卽爲報紙之零售。此外如報攤，書坊，雜貨店等之代售者亦屬之。零售亦分直接與間接者兩種：前者係報館所專僱之報販，在街頭散賣；後者乃報販自行販賣，不與報館直接發生影響者也。本市發行之零售份數極多者，各報對此，往往另立躉報批售一組，其工作，係專管街市叫賣，及攤販代售等事務。以上海一地而言，各報之街賣情形，大多由若干報販頭目所包定，由若輩再行四散分售，如有人直接向報館批購者，亦可照辦，惟須滿一定之整數，或五十份，或一百份，所以便發行上之手續，及收款故也。

第三節　推廣銷路方法

推廣設計　凡事不進則退，發行亦難逃此公例。報紙與時爲一體，時邁進而報紙之銷數猶是者，雖實體上未見數字之跌落，然其影響所及，決非一報之福，則可斷言耳。是以近來之報館營業部中，頗有添設發行推廣設計科者，卽所以防止不進則退之危險也。如何推行報紙之銷路，其唯一而最重要之條件，自在報紙之本身。立論公正，消息靈敏，記載翔實，印刷精良，非常見各報之挾此以號召者乎？考其實，此四者乃爲報紙立足之基點，苟此最低限度之數要點，而不能做到者，尙能膺此「現代報紙」之名詞而無愧乎？故於報紙之應具質素外，如何吸引起新讀者？如何保持原定戶？如何爲讀者作滿意之服務？如何引起讀者之興味？則有待於推廣設計者矣。

維持信用　報紙爲每日生產，由一生產而再生產之商品，前文已言之。其立論編排諸端，務須保持一貫之精神，不容稍有忽視之處。蓋優良之報紙，乃在進步之中，保持其原有之純良氣味。不偏不激，不以一時之興奮，犧牲其久遠之政策。凡大衆所視爲利益者，報紙必爭取之，社會所認爲蟊賊者，報紙必抨擊之。報紙所代表者，多數人之立場也，報紙所維護者，多數人之福利也。此一報紙，其能深入人心，而爲大衆所愛護，所信仰者可必矣。此言報紙之宗旨與態度。如何獲得社會之信仰，推而論之，則廣告有廣告之信用，不登虛僞廣告以欺騙讀者，不作不道德廣告以引讀者作惡；發行亦自有其獨到之處，服務有方，發報有時，不以細瑣而疏忽，不以道遠而疏忽。凡茲種種，持之以久，自能獲得讀者之深切信仰，讀者信仰之結果，即爲報紙銷路之增進。

引起興趣　推廣報紙之方法，非止一端，而其原理所在，則無大異，質言之：非引起其需要，即滿足其需要是也。引起其需要者，人本無意，而報紙以直接或間接之方法，引起其興趣，使其注意，然後集中其注意，而令其實行購閱之謂。今日報紙之自我宣傳廣告，如謂本報銷路如何廣大，消息如何靈通等，卽所以引起人之注意，促令其發生購買之行爲也，此其一。他如以優待新定戶爲號召者，則有予以折扣，或附以贈品等者，此成爲推廣招徠之方法，而所以促進報紙之銷路者耳。以贈品爲號召之推廣方法，在我國係近數年來事，如滬上某報之夜刊，對於訂閱一年之長期定戶，附贈美術週刊一年，另有贈給定戶以航空奬券，或保險單者，均係以贈品促起大衆之注意者也。以物品懸賞，作爲銷數最多之獎勵者，頗盛行歐美。此法名爲競賽推廣，大體上可分爲兩種：參加者，一屬於送報夫，二屬於讀戶。在一個規定之時間內，先由報館訂定競賽章程；譬如在若干日，或某地區內，銷若干份報紙，或獲得若干新定戶時，卽可獲得某種物質上之獎勵。所有獎品，均係迎合於一般人之心理，而爲讀者，或送報夫平日所希冀者。此種推銷方式，國內報紙尙少仿行，他日報紙競爭日烈，必有踵行之者矣。

兜攬推銷　利用贈品或競賽等方法，以資擴充報紙之銷路者，本爲近代報界所習見之事。惟倘有一輕而易舉，且隨時可開始，或於一年中可繼續舉行之方法，即兜攬推銷是也。此項方法之特長，爲不限地區時期，到處可行。祇須有熟練之人員，以堅忍不斷之努力，向前邁進，必有若干之成就可言。若干地方倘可利用通信方法，以爲推銷之先聲，惟終不若兜銷員之得力耳。報紙兜攬術，大致可分爲三種：一，僱用全部服務時間之兜攬員。二，一部份時間之兜攬員。三，利用送報夫或報販。在組織較爲完備之報館中，對於報紙之推銷與兜攬，多有專員專司其事，就上所述，不過其犖犖大者耳。

發行份數　報紙發行份數愈大，直接增加收入，强固報紙之經濟機構；間接則爲提高報紙廣告之價值。報紙而無發行，廣告之價值自將等於零。無論其爲推銷商品，介紹服務，或通告性之廣白等，苟不能與廣大之讀者接觸，更何從而獲得所期望之效果耶？是以報紙之經濟收入，幾完全建築於發行份數之上，若廣告與售報之收入而爲果，則發行份數乃其因。發行份數者，一報銷數之確徵也，其表現可別爲三大類：（一）自稱份數。此爲報紙對外宣稱之銷數，如「本報銷路最大，每日發行××份」是。其中實包括耗損，退報，送閱等，而一概稱之爲銷數，與實際情形顯有出入。在報館方面，既不能按照「自稱份數」，收受報費；在廣告戶方面，更不能認此單方面之自稱銷數爲可靠也。（二）估計份數。此外廣告戶方面，利用報館外之調查方法，湊合各方面之調查結果而來者。如調查某報每日用於印刷之紙張消耗，送報夫數目，定報戶名，郵寄數量等，然後以酌中之程式，約略估計其銷數。用此種方法調查，其結果自難精密。（三）證明份數。係經過第三者所證明之確實銷數。此第三者爲社會上公認之會計師，查賬員，或法團以嚴正無私，而絕對精密之方法，調查一報紙之確實銷數。會計師或查賬員，處於公論之第三者地位，當其進行職務時，得根據報館中之一切賬冊簿據，以證明其付報費之淨讀戶，爲數究有若干。此種發行份數之稽核，歐美日本均已盛行，我國則以注意者少，尚未能效法踵行。惟上海之字林西報 North China Daily News 最近二三年來，已請會計師調查其發行份數，每月以發行之確數，尤其爲付報費之讀戶數，披露報端，以供廣告戶之參考，所謂 Bona Fide Circulation 者是也。此種辦法實爲提高廣告價値，及促進發行之最爲公平可靠者，一則可以祛除外界對於銷數之懷疑，再則可令主持發行者，鑒於銷數之漲落，而凜然於其責任之重大也。美國有所謂報紙發行稽核局者 The Audit Bureau of Circulations —— 簡稱曰 A. B. C.，我國頗可效法。此一機關係非營利之組織，參加之會員爲廣告戶，廣告社，及報館三方面。所有各會員報紙之發行數目，均先由該局加以詳細之稽核，然後發表。其目的乃在保持此三者間之相互利益也。稽核局報告之最大目的，不特爲發行之數量，卽發行方法，及銷售情形，亦均詳爲陳述。對於會員報紙之發行組織，及應行興廢諸端，且亦不時加以指導焉。

第四節　未來之展望

促進交通工具　歷觀最近國人所辦報紙，對於如何增進廣告收入，如何推廣銷路，殫精竭力，未嘗不十分注意，如能參酌上述各點，再以現實之環境，比照仿行，於報紙發行前途，或亦不無裨益。報紙之質素，報紙之立場，均與發行銷數有關，前已論及。茲姑以推動發行之交通而言，顧往瞻來，尙有頗堪研究者。我國幅員廣大，人口衆多，報業前途，大有希望。各大都市現有之報紙產量，如以人口爲比率，實屬渺乎其小，故爲最近之未來計，宜先設法，將已在生產中之報紙，儘量輸入內地，尤其爲邊疆僻壤之區，欲求普及教育，灌輸知識，推廣報紙流傳，實爲刻不容緩者。然則如何而着手進行乎？曰，第一步宜促進交通工具也。海陸空舟車運輸，所關甚大，在經濟及時間方面，宜儘量利用；短距離內，輔佐報紙之遞運者，如汽車，手車，夫役等，支配務須得宜；凡可以便利報紙之遞送，節省時間，縮短空間，以增進遞送之速度者，又宜隨時注意及之。

減低成本售價　報紙售價，爲報紙消費者之直接負担。報紙原係大量生產之商品，有巨大之廣告收入，以爲挹注，其售價本極低微。試以四大張一份之報紙言，置消息採購，編輯排印，經常開支等於不顧，即以紙張一端論，已超過現在之售價一二倍。故就報紙本身之生產成本觀之，在經濟上所取償於讀者者，爲數實未爲多。反之，以我國社會經濟狀況爲比率，則報紙之於中下層階級，其所取之代價，已爲其生活支出上之巨數。今後爲推廣報紙銷路計，爲建築經濟基礎於中下層之消費者計，對於售價一層，更宜力求減低。欲求售價減低，不得不於減輕成本上求之。舉凡機器紙張油墨鉛字等之生產原料，編輯營業上之智識勞働，排字印刷送報等之筋肉勞働，均直接與報紙之生產成本有關。船來原料如能自製，不但金錢之漏卮可塞，製造成本亦可從廉；員役薪給如能酌量提高，工作效率自能增加；消息採訪上，各報如能相互合作，可節省無謂之浪費；凡茲種種，均所以減削生產成本，而擴充消費市場者也。

多與社會接觸　報紙爲社會之公器，非純粹營利之商業可比，故其職責，非僅僅向大衆供給消息而已，如能爲社會服務之各種工作，報紙當以身作則，發起提倡，不遺餘力。一方面可表示報紙服務大衆之特色，一方面亦所以爲自我作宣傳也。故發揚報紙特徵之社會服務工作，實際上卽爲增進銷路之一種方法。無論何種報紙，如欲獲得鞏固之基礎，使能永久存在，必以獲得大衆之維護，與社會上之好感爲首要。凡能顯揚報紙之特徵，使大衆發生好感者，報紙決不能錯過其服務機會。此種工作，如開辦補習學校，圖書館，募集愛國或慈善捐金，懸賞探險，徵求發明品等，不一而足，更如攻擊社會上之公敵，鼓吹懲治貪贓枉法之官吏等，凡能引起社會之注意，贏得大衆之同情心者，均應立即舉辦，不容遲疑者也。

TOOTH DARKIE PASTE
白齒殺蛀
黑人牙膏
立除口臭
用熱帶潔齒植物素製成比衆不同

第十四章　報業管理

第一節　關於組織

我國生產落後，民生凋敝，由來已久，舉辦一事業，不問其規模如何，經濟與人才，兩不可缺。資金能籌集矣，苟無適當之人，爲之規劃，爲之經營，則不旋踵而資本告罄，事業卒無成就之日；人才能舉矣，若無財力上之擘劃，則猶置舟於涸河，不能移動一步，無米爲炊，豈能責之巧婦哉？回顧我國報業，數十年來，雖無日不在進展之中，但亦無日不在奮鬭之中。若干大報，自襁褓以至今日，飽經憂患，而猶能巍然於當世者，無非人才與經濟力量，兩者所交織而成之偉績也。爲發展今後之報業計，國人向所忽略之組織與管理，不得不多予講求，蓋與環境奮鬭者，辦報者之唯一精神也；講求組織與管理者，奮鬬圖存之方案也，爲述報業管理之梗概如左：

組織類別　報館經營之體制，與一般以營利爲目的之企業相彷彿，大體上分爲：一，獨資經營，二，合夥經營，三，公司經營。獨資經營者，卽以個人之經濟力量，投資於報館，無論經濟贏絀，由一人負其全責，此種組織之報館，一切事權，咸集中於個人；若富有毅力，經營得法，發展自亦可期耳。今日我國歷史最悠久之一家報紙，於未經最近之改組前，卽保獨資經營者，無論聲望地位，銷數收入，歷年均佔第一位，可知獨資經營者，端在經營者之手腕若何。惟其凡百叢集於一身，其長處亦卽其短處，如創業者一旦死謝，繼起乏人，則其影響於事業者，亦殊甚矣。合夥經營者，合兩人或兩人以上之股本，以從事於一種事業之謂也。此種組織，適合於範圍較小之商行，若於報業則不甚相宜，良以報業非純粹之營利者可比，視私營之事業中，略帶公衆性之意味；且具有服務社會之使命，爲私爲公，均希望其能永久存在。合夥經營之事業，隨時有倒閉或停歇之危險。公司組織爲比較最合理之報業組織。在昔報業初創時期，各種設備，因陋就簡，銷數既少，範圍亦狹，報館所負之經濟危險亦較輕；無論其爲獨資，爲合夥，尚可應付環境。晚近報業日就發達，由預約生產，而入於大量生產之途。經營企業化，出產商品化，已非少數資本者所能嘗試，於是公司組織最爲相宜。由多數人負多數責，不因人事之變遷，影響於事業之永久存在，危險既少，發展自易。且也，招股舉債，事事公開，建基礎於社會大衆，分利潤於多數股東，衆擎易舉，永久繼續，此經營報業之最理想化體制也。最近二三年來之小型報紙，其組織大多效法於公司性質，亦可見其優勢之所在矣。

經營方針　無論經營何種事業，必先有一確定之方針，然後所預期之目的，可以達到。經營報業者，其目的不出三途：一，純粹爲營利，一切可以不顧，而利之所在，則必孳孳以赴之；二，鼓吹主義，或擴張黨派之勢力，是爲製造輿論或新聞之機關，但求宣傳得效，不問有無利潤；三，以社會福利爲前提，除相當之合法利潤外，取之於大衆者，用之於社會。以報業之精神論，前二者觀念偏狹，以私廢公，不足以膺神聖事業之崇號；三者之中，自宜以最末者爲楷模。昔梁任公論辦報，謂「宗旨定而高」，所謂宗旨者，即一報經營之方針也。報紙之以自力求生存者，於發軔之始，即應懸一標的，而以一貫之政策，爲達到此標的之途徑。評論爲一報精神所寄託，猶軀殼之有靈魂，報紙所能表現之種種姿態，無不由此最高政策所形成。凡不能確定其評論之政策，或不能貫澈報紙之使命，以正氣維持報紙之外形者，實可以行屍走肉視之耳。評論之政策既定矣，苟無確切之編輯方針爲輔佐，何能盼望於言行之一致。舉凡新聞之選擇，披露之方法，興味之增抑等，均視編輯方針爲轉移。故編輯方針之與評論政策，猶筋肉之附麗於骨幹，互爲表裏，合則存，離斯亡矣。報紙之所吸收以營養滋長者，廣告與發行也。營業而無一定之方針，則猶攝生之無定序，榮枯不勻，顏色憔瘁矣。廣告不經選擇，良善無從分別，維持淳厚風俗之報紙，黜誨淫導邪之廣告於不刊，亦營業方針之一種也。廣告之信用既立，報紙之銷路自能日益增高；合健全之精神，豐滿之筋肉，優良之營養於一爐，完善之報紙自可期而待矣。

設備擧要　報館組織之體制，及經營方針等，既已說明，其次卽當研究其實際上之設備。此所論者，包括報館所在之地點，及一切佈置，與工場機器設備等。報館之地點，自以市區交通便利之處爲宜，但亦不必在繁盛區之中心。除報紙能自建館屋而外，房金支出，在最繁盛區，所費亦必最大，此項支出，當佔經濟上之一大部份，月計不足，年計有餘，凡經常費中之重要付項，宜令低減，以期減輕報紙必要支出之負担也。編輯，營業，印刷三部，最好能集中於一座大廈中，在工作程序上，無論人力時間，皆可大爲節省，工作效率，因以大增。且也，館屋如係自建，各種佈置設備，咸得從根本着想，譬如各部地位之大小，面積及空間二者，可計算至最經濟而最合理者；光線空氣等之取得，亦得以最理想之手段，獲得最滿意之目標。萬一館屋爲租賃者，除利用其已成之格局，另行改建裝修外，他無良法。更有因地位偏促，或其他環境關係，而各部份必須分開者，則宜注意於廣告及發行兩處，務令設於繁盛之市區中，俾顧客易於登門，而增進報紙與大衆之接觸機會也。編輯部雖不必多與外界接觸，但送稿取材，及訪員出入等，亦須顧到，冷僻之區，終非所宜。印刷機及排字工房等，爲製造報紙形體之大本營，亦卽報館投資之最重要部份。就生產之經濟，出品之精良上言，各種機器，以具有快速度效力者爲最上，使用之便利及耐久次之。鑄字打版澆板等之工具及原料，亦爲生產序上之要素，選擇裝配，均須出以專門眼光，從事一切。總之，「工欲善其事，必先其利其器」，報紙生產上之設備，其重要性，可體味此言而得之也。

各部組織　報館各部組織，在外觀上固屬分門別類，不相關涉，但在精神上，及事務或工作之系統上，各部聲氣互通，脈絡連繫，蓋報館各部份之工作，其最後目的，乃在完成報紙之生產與消費。其所負事務上之責任，包括雖屬多方面者，而其終了之鵠的，則固殊途而同歸者也。今分述各部之組織，只就其外形之區別，內部組織之骨架，稍加解說，以明其分工合作，相互關連之重要焉。執行報紙之政策，監察及管理各部份事務之進行者，爲全報館之首腦機關，主其事者常爲報館之主人，或由總理執掌全權。規模較大之報紙，稱此執行機關爲「總管理處」，顧名思義，卽可瞭然於其所掌之職權矣。

此部所包含之人員，有發行人，常爲館主本人，或其代表人。負整個報紙政策決定及管理全責；總經理或經理，負管理及監督各部之責；審計員，稽核全館進出賬務；會計員，廣告發行及事務方面現金出納，由其處理之；庶務員，採購材料用品等。如以執掌事務支配論，總管理處之內，約可分爲六股：即業務，文書，設計，會計，稽核及總務等是。以上六股，皆聽命於發行人或總理，所有全館事務之執行，均以總處或總理之名義發表之。執行部——總管理處之下，爲編輯部，營業部及印刷部，在組織原理上言，此三部係屬平行，但就報紙之特質言，則編輯部之重要性，當駕乎營業與印刷二者而上之也。即以總管理處與編輯部言，其關係之密切，決不能以普通商業組織之系統，爲其上下屬分別之解說、歐美報紙，出版人常爲總主筆，而以事務經營等事，付之經理；經理所負責者，祇爲一切事務之管理，對於編輯政策之執行，爲保持其超然獨立，凜然不可侵犯之姿態起見，初不容任何人之越俎代謀者也。其次，編輯部之主要份子爲新聞記者，新聞記者爲自由職業者，以社會大衆爲對象，以公正無私之見解，爲多數人謀福利，故其人格地位，均爲社會大衆所尊視，其與館主之關係，迥非普通商業組織上，僱主與僱員可比。職是之故，以事務管理之眼光視之，三部平行，非不合理，若以報紙之特質言，則編輯部者，實爲一報靈魂所居之樞府，常處於神聖崇極之地位者也。編輯部之首腦人爲總主筆，決定編輯及評論政策。其次爲編輯或總編輯主任，指導收集及編輯新聞。担任各欄新聞之編輯者，統稱之爲新聞編輯，舉凡新聞價值之鑒定，新聞材料之選擇，標題之製作，及版式之地位支配等均屬之，其工作常極繁重者也。此外又設採訪，校對，翻譯，參考等組。營業部分爲廣告及發行兩處，前已言之，各設主任一人，職員若干，凡廣告及發行上之設計推廣等，咸屬營業部範圍中之職務。印刷部之工人爲筋肉勞働者，工人之上，有工頭管理一切事務，工作可分爲活版，鑄版，製版及印刷四項：活版分新聞及廣告兩組；鑄版有鉛版及紙版之別；製版組以銅鋅版之製造，爲其專門工作；印刷組之工作，大部關於機器之運用。

第二節　人事管理

職工來源　經營報紙與經營其他企業相彷彿，如何獲得適合之職工，以謀維持及發展事業，實爲一極難解決之問題。服務於報館之職工，在其勞働上可分爲兩類，編輯部及營業部之職員，爲知識之勞働者；印刷工場中者爲筋肉勞働者。知識分子重學力及經驗，筋肉勞工重技能及體力，二者任用之條件，頗有出入。報館職工之來源，大別出自三途：(一)私人荐舉，(二)公開徵求，(三)取自職工介紹所。依我國報界過去情形言，出於第一途者多，第二途者少，若第三途者，可謂絕無而僅有也。由私人介紹者，大半爲已經具有服務報業之經驗，而介紹者亦深知所需爲何種人材，需要與供應二者之間，相去或不致懸殊。在適當人材難求之際，此法亦自屬較爲理想者。公開徵求，分爲臨時與經常者，臨時之徵求職工，藉報紙廣告或口頭爲媒介，向以考試之制度，作爲錄取與否之標準。經常徵求者，凡大規模之商業組織中常見之，卽平時外界人之需要職位者，可隨時以自荐信投送報館，請求量才錄用也。公開徵求之長處，在能破除介紹者之情面，獲得確實能爲報館服務之基本職工。此種招考制度，近世企業之人事管理上，已奉爲最理想之職工來源，國內報紙近亦屢屢仿行之矣。報館僱用任何人員時，最好須經過相當之測驗，對於品性，身體，學識及經驗等，均須經過詳細之調查。

訓練僱員　專門人才之儲備，當自訓練僱員始。報業之組織與其他企業不同，而每一報館，又因其歷史及環境關係，組織迥異。新進職工，非經相當練習，每苦頭緒不淸，無從下手也。訓練時，以灌輸分工合作之精神，爲完成其工作之前提，在其本身活動範圍之中，各種技巧，務使十分熟練；另一方面，須令新進人員，確切瞭解其所服務之報紙，處於何種立場，所抱之政策，所定之方針，均與其行將從事之工作有關也。訓練之方法，分爲兩種，一爲直接式，卽命令服務之員工，務須依照已定之辦事細則，次序手續等，完成其所担任之工作。其次爲間接式，又可稱之爲實習訓練，新員工開始工作時，由有經驗之老職工，從旁指示並改進之。在訓練時期中，第一須令新職工有表現其能力之機會，第二隨時提起其工作之興味。

工作酬報　職工之工作，不論其性質如何，或爲勞心，或爲勞力，時間，分量及酬報三者，爲勞資間發生連繫之基本條件。任用職工時，對此三點，宜詳爲考慮。報館工作時間，除日工或夜工外，時間之短暫亦不同。大概編輯及印刷工作大部份在夜間；營業部事務，則多於白晝完成之。工作之期限，依我國報界情形視之，多爲無定期者，若雙方訂立契約，規定時期者，爲數甚少也。工作份量，卽工作成就之計數，或規定每日須作成若干件，或在一定之時間內，須完成某種事務之謂是。工作酬報，在計算上，或以件計，或以時計；其高下之標準，則視其勞動之種類，難易而異。任務繁劇，責任重大，或具專門技巧者，其酬報自較高。惟我國報界尙缺乏科學管理方法，對於工作難易，及勞動時環境與精力耗費之分析，未臻精密考究之階段。以現行各報之薪工論，較諸其他企業爲低微。職工以生活程度高，而酬報菲薄，不得不於工作之外，更兼謀他職，以資挹注。此在報館方面，無形中減低工作效率，今後亟宜設法調整，以爲發展報業之一助也。

職工福利　職工以勞動換取酬報，資本家以金錢購取服役，而由其生產之商品中求取利潤，二者間之買賣，固極公允者也。爲維持雙方良好之情感，獲得工作上之最大效率，以求報紙之日就發展，業務基礎之更爲鞏固起見，館方對於職工之福利，不應淡漠視之。勤奮者獎勵之，過失者懲罰之，此平時在工作上之法則也。職工之健康問題，直接影響於工作效率，則館方宜隨時注意之，改進之；儲蓄及保險，爲職工生老病死之保障，亦爲職工安心服務之臂助，館方宜用强迫制，或勸導方法，令其實行。此外如規定退職金，實行分紅制等，亦屬必不可少。凡館方可爲職工謀利益之處，總宜妥爲規劃；兩蒙其利者，事必可興，祇爲一方面私利計者，他方面難免觖望，此世間之公理也。我國報界對於此點，眞能揮發其意義者，尙不多觀。規模較小之報社，經濟基礎未固，固不能多存奢望；獨二三大報社，對此亦未能在勞資間，作更進一步之融洽表示。若干環境之下，未免雙方形成壁壘，諒解日以缺少，殊非報業前途之福也。實則我國之所謂大報社者，其每年所獲利潤，往往超過其投資額之合法潤利甚鉅，如欲改善職工待過，一舉手之勞耳，賢明之首腦人，宜在倫理觀念上，及早建樹良好之楷模也。

人和第一　人事管理之精要，無論所立條規如何嚴密，管理方式如何苛細，而人與人間，情感上之微妙連繫，決不能置諸不顧；換言之，此即所謂精神團結，不以外形之約束，而於不知不覺間，產生一種和衷共濟，不可輕侮之勢力。平日每一職工，均能盡量貢獻其精力，於所服務之報紙，使鞏固之基礎，建築於每一份子之身上。猶之一架巨大機器，輪軸槓桿，果屬重要，細小之釘梢螺絲，亦屬不可或缺者。機器上如有極小部份發生障礙時，勢必影響及於全部之運轉，整個之報館，如有一人不健全時，其結果亦猶是耳。晚近以來，因資本主義極端發達之結果，勞工為維護其合法利益計，工會組織，應時而起。報界之職工會其出發點，亦殊純正。勞資糾紛，本係一複雜問題，非片言所能說明，報界之勞資衝突，不過其極小部份耳。

第三節　業務管理

財政管理　除個人獨營及合夥者外，報館資金之籌集，其屬於公司性質者，不出下列三途：卽一、發行公司股票，二、發行債券，及三、短期借貸是。組織新公司時，其資金自以股本作爲基本。但在需要流動資金，擴充業務，增加經濟活動能力，或兼併其他報社，需要現金時，則可參酌各當時之環境，發行債券，或舉辦短期借貸。其他關於籌集資金時，股票名目，性質，及推銷認購等方法，與一般公司經營相同，毋庸贅述。近代報業之經營，漸趨於繁複之途徑，對於一報之財務管理，已成爲一種專門學問。蓋爲精密計算報紙之生產成本，嚴密考核報社之經濟狀況，均有待於精細之財務紀錄。故理財之道，第一須確立完善之賬略項目，然後有條不紊，精密之紀錄可以保持，一報社之盈虧何在，得以覆按也。第二須調整財政上之榮枯，使開支之數目，不超過一切收入，而有利潤可圖。如何能保持借貸兩方之平衡，而使虧折無從產生，則有待於預算制度之實行。就消極方面言，預算制度爲一種事先之約束，以求報社之開支不超過其收入而已。惟於積極方面言，則因其有預算之故，主持人務須使收入超過支出之數，俾能應付一個預算年度之各種危險。欲知每月份之營業狀況，則有待乎財政上之各種報告。舉其要者，如損益表，資產負債表，用紙數量成本報告，報紙數量成本報告等，其他如油墨之消費，發行費用，廣告財政，及投資收入，一切行政費用等，亦均有詳明之報告，俾綜其事者，隨時得知報館之經濟狀況也。

增進效率 增進工作效率，爲報社管理之重要目的，由於工作效率之充份擴展，不但可促進生產數量，且可減低製造成本，此所以爲各種企業中談管理學者所重視。欲求達到增進工作效率之目標：人事與工具雙方，宜兼籌而並顧。人事管理方面，使在工作時間中，每個份子均能充份表現其能力，時間無浪費，精力無虛耗。宜用科學方法，計算每一件工作之完成經過，平均須費幾何人力。此點於知識之勞動者，似尚不能普遍適用，然於工場方面，則爲絕對需要者也。生產工具之佈置，生產工場之設備，均有大影響於工作效率者，宜隨時比較各種記錄，以求經濟，時間，人力三方面，得到最合理想之連繫，而以最低生產成本爲依歸。無論其爲人事，爲工具，各部份居首腦地位，負監督責任之執行人員，實爲工作效率之推動者，每遇可爲改進之處，應不惜多方考求，以臻於至善也。

節省物力　生產工場中平時物力之消費，直接爲增加報紙之支出，間接爲減少營業之利潤。往往一紙之微，似其耗損極爲微細，然積之經年，則必可觀，而成爲巨數矣。況以整個報館而言，各部各科在工作過程上，所需要之製造原料，種類何啻千百。即以一日而論，合各部份之耗損，已頗不少，若更推而至於一月，一年，不將成爲一絕大漏卮耶？報紙之生產原料，以紙張，油墨，鉛料爲最大支出。紙張之耗損，無論其爲捲筒機用，或平版機用，折裂破碎，決不能免。惟其平均之耗損數量，只宜使之低減，不當令其增加。每次用紙，自材料儲藏處，以至工房印刷，需互填詳細表格，作爲稽核參考。

如某時間之耗損百分率，忽而上增者，卽當詳查其原因，究竟爲工人之技術欠缺耶？抑係紙張原料之脆弱耶？須一一記明，以爲補救之張本。至如油墨，則印刷若干份報紙，當用若干數量之油墨，其間亦有一定之平均標準。紀錄之曲線，上增下落，均有原因，如原因發生疑問，或對於事實上之現象，不能滿足時，亦應詳爲考查。排字房之鉛料消耗，亦爲印刷場中之支出大宗，廢鉛之拋棄，還原時鎔鉛數量等，咸不容忽視。其他如各部文具表格紙張簿籍，運報之車輛，夫役之制服等，雖係消耗物品，其消費亦有定量，萬一超出常例時，卽當力加查究。添置用具，購買小件材料，修葺房屋等，大部份爲庶務處之工作，亦宜公開估價，摒除佣金回扣等陋習。主持者應知報館經濟基礎之健全與否，端在平日之嚴爲考核，萬一敗象已出，再求補救，已不及矣。

第四節　事務管理

佈置合理化　欲求每日辦事順序，在人力與時間上，獲得最高能率及經濟者，各部佈置，自不得不加以注意，使所有工作能順序進行，絲毫無浪費之處，依「一條線」之原則，垂直進行，毋令中途有兜繞或退回之動作。百分之百之理想佈置，當先於合理之館屋中求之。建築之初，卽有一通盤計劃。何處佈置機器間，何處作爲排字房；營業部應在底層，抑應置之頂層；編輯部與職員宿舍可使之毗連乎？凡此種種問題，均宜胸有成竹，妥爲部署，與其高樓大廈，佈置無方；毋甯卑屋低舍，條理井然。營業部爲顧客接近之所，不宜置諸最高層；編輯部爲新聞記者勞心之地，環境自應較爲安靜；機器房之重要工具爲印刷機，惟有底層可以安置。排字房光線充足，發報處出口宜便捷，初無待於喋喋。排字，鑄版，印刷等工房成一集團，校對，譯電，編輯，採訪各科，聚於一隅，此又不必智者而後知之也。

辦事標準化　辦事手續如有一定標準，不但人力節省，時間經濟，卽於人事調動上，及擴充事務上，亦不致因人事之變遷，而影響及於事之程度。報紙之政策，包括言論編輯營業三部而言，是爲一報大計所在，前已討論及之，不再具述。其在各部份事務進行上者，亦宜釐訂條規，詳製細則。工作無分鉅細，標準必須確定。各部份因性質不同，各有辦事細則，全報館爲同一組織，又有互相遵守之規約。一人於處理事務上，苟有疏忽，推其極，可以影響於整個報紙；一部份之工作不力，言其弊，可以破壞他部份之組織。且當弊病既出之後，苟無例行規程，可資覆核者，往往使職工有推諉餘地，而主其事者亦無從籌劃補救之方。故標準化者，不但防患未然，亦即現實對比之明鏡也。標準之確立，不能一蹴而就，一方面當取法於已有成效之各種組織，他方面宜以自身之需要，作爲訂立條規之前提。歷時既久，愈益精密，亦愈益完備，而爲全報館人員所奉爲圭臬者矣。

機製經濟化　此所謂機製者，指完成報紙形體之製作程序言。報紙爲一種商品，我人已熟聞之。此種產物之於人生，雖非似米穀麵包之不可一日離，然其影響於吾人之日常生活，其重要直堪相提並論，所謂精神上之食糧者非乎？報紙既爲人人所必需，又爲非經過機製不能生產者，則以大量之資本，使成之爲大量之產品，實爲最合理之必需途徑。報業之所以企業化者，其原因亦在此，機製品之最要條件，爲成本輕，而產量大。成本輕則推銷易，產量大始能供應大規模之消費。故近世之經營報業者，於消息之競爭，銷路之擴充而外，又必講求製造上之經濟，以符合多產廉售之標的也。機製之過程，在於機器之轉動，由一架或數架機器之接連動作，以至一架或數架機器之替換動作，而後始能完成全部數量之報紙生產，其間於生產成本之計算，自亦有莫大關係。推而至於機器停止運用時，宜如何利用使之作副生產，或如何增進機器之運用效率，如何延長其使用之壽命等，宜爲談事務管理者所當研究者也。

第十五章　新聞法制

第一節　再修正出版法全文

（民國二十五年十一月二十七日立法院通過）

第一章　總則

第一條　本法稱出版品者，謂用機械印版或化學之方法所印製，而供出售或散布之文書，圖畫。

第二條　出版品分左列三種：（一）新聞紙指用一定名稱，其刊期每日或隔六日以下之期間繼續發行者而言。（二）雜誌指用一定名稱，其刊期每星期或隔三月以下之期間，繼續發行者而言，但其內容以登載時事為主要者，仍視為新聞紙。（三）書籍及其他出版品凡前二款以外之一切出版品屬之。新聞紙或雜誌之號外或增刊副刊等，視爲新聞紙或雜誌。

第三條　本法稱發行人者，謂主辦出版品之人。

第四條　本法稱著作人者，謂著作文書圖畫之人。筆記他人之演述，登載於出版品或令人登載之者，其筆記之人，視爲著作人。但演述人予以承諾者，應同負著作人之責任。關於著作物之編纂，其編纂人視爲著作人。但原著人予以承認者，應同負著作人之責任。關於著作物之繙譯，其繙譯人視爲著作人。關於專用學校公司會所，或其他團體名義著作之出版品，其學校公司會所或其他團體之代表人，視爲著作人。新聞紙所登載廣告啓事，以委託登載人爲著作人。如委託登載人不明，或無負民事責任之能力者，以發行人爲著作人。

第五條　本法稱編輯人者，謂掌管編輯新聞紙雜誌之人。

第六條　本法稱印刷人者，謂主管印刷事業之人。

第七條　本法稱地方主管官署者，在省爲縣政府，或市政府，在直隸於行政院之市爲社會局。

第八條　出版品於發行時，應由發行人分別呈繳左列機關一份：（一）內政部，（二）中央宣傳部，（三）地方主管官署，（四）國立圖書館及立法院。圖書館改訂增刪原有之出版品而爲發行者，亦同黨政機關之出版品，應依前二項規定分別寄送。

第二章　新聞紙及雜誌

第九條　爲新聞紙或雜誌之發行者，應由發行人於首次發行前塡具登記聲請書，呈由發行所在地之地方主管官署，於十五日內轉呈省政府或直隸於行政院之市政府，核准後始得發行。省政府或直隸於行政院之市政府，接到前項登記聲請書後，除特別情形外，應於廿八日內核定之，並轉請內政部發給登記證。內政部於發給登記證後，應將登記聲請書抄送中央宣傳部登記。聲請書應載明之事項如左：（一）新聞紙或雜誌之名稱，（二）社務組織，（三）資本數目及經濟狀況，（四）刊期發行新聞紙者，並應載明其版數，

（五）發行所及印刷所之名稱及所在地，（六）發行人及編輯人之姓名、年齡經歷、及住所。

第十條　第九條所定應聲請登記之事項有變更者，其發行人應於變更後七日內按照登記時之程序，聲請變更登記。前項變更登記之聲請，如係變更新聞紙或雜誌之名稱，或發行人者，應附繳原領登記證，按照第九條之規定，重行登記。

第十一條　第九條及第十條之登記，不收費用。

第十二條　新聞紙中專以發行通訊稿爲業者，地方主管官署於必要時得派員檢查其社務組織，及發行狀況。

第十三條　有左列情形之一者，不得爲新聞紙或雜誌之發行人或編輯人：（一）國內無住所者，（二）禁治產者，（三）被處徒刑或一月以上之拘役在執行中者，（四）褫奪公權者。

第十四條　有左列情形之一者，得禁止其爲新聞紙或雜誌之發行行或編輯人：（一）

因違反第二十一條之規定受刑事處分者，（二）因貪汚或詐欺行爲受刑事處分者。

第十五條　新聞紙或雜誌廢止發行人者，原發行人應按照登記時之程序，聲請註銷登記。新聞紙逾所定刊期已滿三個月，雜誌逾所定刊期已滿六個月尙未發行者，視爲廢止發行。

第十六條　新聞紙或雜誌應記載發行人之姓名，登記證號數，發行年月日，發行所，印刷所之名稱，及所在地。

第十七條　新聞紙或雜誌登載之事項，本人或直接關係人請求更正或登載辯駁書者，在日刊之新聞紙，應於接到請求後三日內更正，或登載辯駁書，在其他新聞紙或雜誌應於接到請求後，第二次發行前爲之。但其更正或辯駁之內容，顯違法令或未記明請求人之姓名住所，或自原登載之日起，逾六個月而始行請求者，不在此限。更正或辯駁書之登載，其地位應與原文所登載者相當。

第三章　書籍及其他出版品

第十八條　書籍或其他出版品，應於其末幅記載著作人發行人之姓名住所，發行年月日，發行所，印刷所之名稱，及所在地。

第十九條　通知書，章程，營業報告書，目錄，傳單，廣告戲單，秩序單，各種表格，證書，證劵，及照片，不適用第八條之規定。

第二十條　有關政治之傳單或標語，非經地方主管官署許可，不得印刷發行。

第四章　出版品登載事項之限制

第二十一條　出版品不得爲左列各款之記載：（一）意圖破壞中國國民黨或違反三民主義者，（二）意圖顚覆國民政府或損害中華民國利益者，（三）意圖破壞公共秩序者。

第二十二條　出版品不得爲妨害善良風俗之記載。

第二十三條　出版品不得登載禁止公開訴訟事件之辯論。

第二十四條　戰時或遇有變亂及其他特殊必要時，得依國民政府命令之所定，禁止或限制出版品關於政治軍事外交或地方治安事項之登載。

第二十五條　以廣告啓事等方式登載於出版品者，應受前四條所規定之限制。

第五章　行政處分

第二十六條　不爲第九條之聲請登記，或就應登記之事項，爲不實之陳述，而發行新聞紙或雜誌者，得停止該新聞紙或雜誌之發行。不爲第十條之聲請變更登記，而發行新聞紙或雜誌者，得於其爲合法之聲請登記前，停止該新聞紙或雜誌之發行。

第二十七條　前條所定之處分，其出版品在縣政府或市政府所在地發行者，應同時由該縣政府或市政府呈請省政府核准，在省政府或直隸於行政院之市政府所在地發行者，應同時由該省政府或市政府，咨請內政部核准，方得執行。省政府核准執行者，應咨報內政部備案。

第二十八條　內政部認出版品載有第二十一條所列事項之一，或違背第二十四條所定禁止或限制之事項者，得指明該事項禁止出版品之出售及散布，並得於必要時扣押之。依前項規定扣押之出版品，如經發行人之請求，得於删除該事項之記載或禁令解除時返還之。第一項所定，其情節輕微者，得由地方主管官署呈准該管省政府或市政府，予以警告，並由該省政府及市政府轉報內政部。

第二十九條　地方主管官署查有前條第一項之出版品，如認爲必要時，得暫行禁止該出版品之出售散布，或暫行扣押。同時呈由省政府或直隸於行政院之市政府，轉報內政部核辦。

第三十條　前條所定處分，其出版品如爲新聞紙或雜誌，在縣政府或市政府所在地發行者，應由該縣政府或市政府呈請省政府核辦，在省政府或直隸於行政院之市政府所在地發行者，應由該省政府或市政府咨內政部核辦。

第三十一條　國外發行之出版品，有應受第二十八條第一項或第三十四條第一項處分之情形者，內政部得禁止其進口。依前項規定禁止進口之出版品，省政府或市政府得於其進口時扣押之。

第三十二條　因新聞紙或雜誌所載事項依第二十八條第一項所定之處分，而其情節重大者，內政部得定期或永久停止其新聞紙或雜誌之發行。違背前項禁止而發行之新聞紙或雜誌，地方主管官署應扣押之。

第三十三條　扣押書籍或其他出版品，於必要時，得並扣押其底版。依前項規定扣押之底版，準用第廿八條第二項之規定。

第三十四條　出版品之記載，除有觸犯刑法規定，應依法辦理外，其有違反第二十二條之規定情形較爲重大者，內政部，或地方主管官署呈經內政部核准，得禁止其出售散布，並得於必要時扣押之。前項出版品，如爲新聞紙或雜誌，並得定期停止其發行。

第三十五條　發行人違反第八條第一項或第二項之規定，不呈繳出版品者，處三十元以下罰鍰。

第三十六條　發行人不爲第九條或第十條之聲請登記而發行新聞紙或雜誌者，處一百元以下罰鍰。

第三十七條　第十三條各款所列之人，或因第十四條各款情形之一，而受禁止之人發行或編輯新聞紙或雜誌者，處一百元以下罰鍰。

第三十八條　發行人違反第十五條第一項之規定者，處二十元以下罰鍰。

第三十九條　出版品不爲第十六條或第十八條所規定之記載，或記載不實者，處發行人一百元以下罰鍰。

第四十條　編輯人違反第十七條之規定者，處一百元以下罰鍰。

第四十一條　新聞紙因受本章所定之行政處分機關之上級官署訴願時，該官署應於接受訴願後十日內予以決定。

第六章　罰則

第四十二條　發行人或印刷人違反第二十條之規定者，處一百元以下罰金。

第四十三條　違反第二十一條之規定，處發行人，編輯人，著作人，及印刷人，一年以下有期徒刑，拘役，或一千元以下罰金，但其他法律規定有較重之處罰者，依其規定。

第四十四條　違反第二十二條或第二十三條之規定者，處編輯人或著作人拘役或三百元以下罰金。

第四十五條　違反第二十四所定之禁止或限制者，處發行人編輯人著作人及印刷人一年以下有期徒刑，拘役，或一千元以下罰金。

第四十六條　出版品爲新聞紙或雜誌時，著作人受第四十三條處罰者，以對於其事項之登載，具名負責者爲限，受第四十五條處罰之著作人亦同。

第四十七條　違背第二十六條所定之停止發行命令，發行新聞紙或雜誌者，處二百元以下罰金。

第四十八條　妨害第二十九條所定扣押處分之執行者，處二百元以下罰金。

第四十九條　發行人違背第二十八條第一項所定之禁止者，處一年以下有期徒刑，拘役，或一千元以下罰金。其知情面出售或散布該項出版品者，處六月以下有期徒刑，拘役，或五百元以下罰金。違背第三十一條第一項所定之禁止，及知情而輸入出售或散

布該項出版品者　準用前項規定，分別處罰。

第五十條　妨害第二十八條第一項，第三十一條第二項，第三十二條第二項，第三十三條所定扣押處分執行者，處六月以下有期徒刑拘役，或五百元以下罰金。

第五十一條　發行人違背第三十二條第一項之禁止者，處一年以下有期徒刑，拘役，或一千元以下罰金。其知情而出售或散布該項新聞紙或雜誌者，處六月以下有期徒刑，拘役，或五百元以下罰金。

第五十二條　本法所定各罪之起訴權，逾一年而不行使者，因時效而消滅。

第五十三條　第四十五條之情形其起訴權之時效期間，自發行日起算。

第七章　附則

第五十四條　本法施行細則，由內政部定之。

第五十五條　本法自公布日施行。

第二節　中央黨部宣傳品審查標準

二十一年五月三十一日第四屆中央執行委員會第二十二次常務會議通過

二十一年十一月二十四日第四屆中央執行委員會第四十八次常務會議增訂

（一）適當的宣傳：

1. 闡揚　總理遺教者；
2. 闡揚本黨主義者；
3. 闡揚本黨政綱政策者；
4. 闡揚本黨決議案者；
5. 闡揚本黨現行法令者；
6. 闡揚一切經中央決定之黨務政治策略者。

（二）謬誤的宣傳：

1.曲解本黨主義政綱政策及決議者；

2.誤解本黨主義政綱政策及決議者；

3.思想怪僻或提倡迷信足以影響社會者；

4.紀載失實足以淆惑觀聽者；

5.對法律認可之宗教，非從事學理探討從事詆毀者。

（三）反動的宣傳：

1.爲其他國家宣傳，危害中華民國者；

2.宣傳共產主義及鼓動階級鬥爭者；

3.宣傳無政府主義，國家主義，及其他主義，而有危害黨國之言論者；

4.對本黨主義，政綱，政策，及決議，惡意詆毀者；

5.對本黨及政府之設施，惡意詆毀者；

6. 挑撥離間，分化本黨危害統一者；
7. 誣衊中央，妄造謠言，淆亂人心者；
8. 挑撥離間及分化國族間各部分者。

第三節　中央黨部修正新聞檢查標準

二十二年十月五日第四屆中央執行委員會第九十一次常務會議通過

一、關於軍事新聞應扣留或刪改者：

一　關於我國高級軍事機關，要塞，堡壘，軍港，軍艦，軍營，倉庫，飛行場港，兵工廠，造船廠，測量局，及其他國防上建築物之組織，及設備情形，與其應秘密之地點。

二　關於國軍預定實施之軍事計劃及一切部署。

三　關於國軍之兵力兵種番號，與其行動駐紮，及軍用品之輸送起卸地點或籌備情形。

四　關於高級指揮官之行蹤，及其秘密之軍事談話。

五　關於各級軍事機關有關軍事秘密之會議與紀錄。

六　關於敵我軍情與事實不符之記載。

七　關於新式武器及軍事工業之發明。

八　其他不利於我方之軍事新聞。

二、關於外交新聞之應扣留或删改者：

一　凡對我國外交有不利影響之消息，尚未證實或已證實不確者。

二　凡外交事件正在秘密進行中，其消息或文件，尚未經外交部正式或非正式公佈者。

三　凡外交談話，未經外交部正式或非正式公佈者。

三、關於地方治安新聞之應扣留或删改者：

一　搖動人心，引起暴動，足以釀成地方人民生命財產之重大損失者。

二　故作危言，影響金融，足以引起地方人民日常生活之極度不安者。

三　對於中央負責領袖加以無事實根據之惡意新聞及侮辱，以損害政府信用者。

四、關於社會風化新聞之應扣留或删改者：

一　關於淫盜之紀載，特別描寫，以煽揚猥褻凶惡之影響者。

二　其他妨害善良風俗者。

▲附註

一　各新聞檢查所檢查新聞，除遵照以上規定外，並須依照出版法及宣傳品審查標準第二項第三項之規定。

二　各新聞檢查所檢查新聞仍須隨時遵照中央宣傳委員會頒布注意之要點。

三　各報社刊新聞，須以中央通訊社消息爲標準。

修正重要都市新聞檢查辦法

廿二年九月廿一日第四屆中央執行委員會第八十九次常務會議通過

（一）各重要都市如南京上海北平天津漢口，遇有檢查新聞必要時，經中央執行委員會常務會議核准，得設立新聞檢查所，受中央宣傳委員會之指導，辦理各該地新聞檢查事宜。

（二）首都新聞檢查所，由中央宣傳委員會會同軍事委員會及行政院派員組織之，新聞團體得派代表一人參加。其他各地新聞檢查所由中央宣傳委員會（或當地高級黨部）會同當地高級政府及高級軍事機關派員組織之，當地新聞團體得派代表一人參加。

（三）新聞檢查所設主任一人，副主任一人或二人，主持所務，由各參加機關派充之，設檢查員若干人，擔任檢查工作，由主任選定曾在大學或專門學校畢業而有新聞學識者，呈准中央宣傳委員會任用，或由參加機關調充之，設事務員若干人，擔任事務，由檢查所雇用之。

（四）新聞檢查所經費，由各參加機關分攤之。

（五）新聞檢查所檢查新聞，限於軍事外交地方治安及與有關之各項消息。

（六）新聞檢查所檢查新聞，須依據中央執行委員會常務會議核准之新聞檢查標準決定扣發。遇有異問時，得由主任隨時請示主管機關或由中央宣傳委員會決定之。

（七）新聞檢查所檢查新聞手續，應由各該所於不妨礙各報社通訊社工作進行之原則上，自行訂定，分呈各參加機關，並呈報中央宣傳委員會備案。

（八）新聞檢查所各項條例及辦事細則，均須呈報中央宣傳委員會備案。

（九）各報社通訊社如有違犯各該檢查所之各項規定或命令者，應由各該所報告當地政府機關依照出版法處分之。

（十）各地新聞檢查所於每月月終，除應向各參加機關報告工作外，並應填具工作報告表，呈報中央宣傳委員會，工作報告表另定之。

（十一）本辦法不適用於戒嚴時期。

（十二）本辦法由中央執行委員會核准施行。

上海市新聞檢查所暫行組織條例

二十二年四月呈奉　中央執行委員會宣傳委員會核准

一　本所遵照中央執行委員會第五十四次常務會議通過之重要都市新聞檢查辦法（以下簡稱檢查辦法）第一條組織之。

二　本所遵照檢查辦法第二條第二項之規定，由上海特別市黨部（本市最高級黨部）上海市政府（本市最高級行政機關）及淞滬警備司令部（本市最高級軍事機關）會同派員組織之。

三　本所設主任一人，綜理所務，副主任二人，襄助主任辦理所務，由參加機關會商指派之。

四　本所設總幹事一人，襄助正副主任，督率各員辦理事務，由正副主任呈請上海市政府派充之。

五　本所設檢查員九人，由參加機關各派三人充任之，設幹事三人，由所雇用之。

六　本所職員除雇員外，概不支薪。

七　本所經費暫定五百元，市黨部擔任二成，警備司令部擔任三成，市政府擔任五成，所有公雜開支，每月由所編造計算書，分呈參加機關核銷之。

八　本所辦事細則另訂之。

九　本暫行條例自呈奉中央執行委員會核准之日施行。

第四節　交通部新聞電報規則

二十三年年五月二十一日交通部修正公佈

第一條　新聞報館，期刊報館，或通信社之新聞記者，得發寄新聞電報，其一切辦法悉依本規則之規定。

第二條　新聞記者發寄新聞電報，須經交通部核准，並發給新聞電報憑照，方可照發。請領憑照時，應塡具聲請書，並附繳憑照費國幣二元，印花稅費國幣壹元，呈請交通部核辦。前項空白聲請書，得由聲請人向交通部或各地電報局或無綫電台免費索取。

第三條　外籍新聞記者，以及代表外國新聞機關之本國新聞記者，請領憑照時，應先向外交部領取註册證書，連同前條聲請書，一併呈送交通部核辦。

第四條　國內新聞電報，如須收報人付費者，應將聲請書送交收報新聞機關所在地之電報局或無綫電台，由該局台依本規則第二十條之規定，向收報新聞機關或取具存款或保證金後，將聲請書轉呈交通部核辦。但收報機關如已在當地局台繳付相當數額之存款或保證金者，得將聲請書逕呈交通部核辦。

第五條　發寄國外之新聞電報，由收報人付費者，應由收報新聞機關先與當地電報機關商妥後，由該電報機關通知交通部核發憑照。

第六條　每一憑照內所塡之發報地名，除隨同旅行團體或軍隊出發之新聞記者，經證明屬實，得塡列十處外，概以五處爲限。其收報新聞機關地點，除依第十八條之規定外，以一處爲限。

第七條　發寄新聞電報時，應將憑照繳驗，並於電底下端簽名或蓋章。其簽名或蓋章，應與憑照上所塡之新聞記者姓名相同。

第八條　新聞電報以發寄憑照內所塡之新聞機關爲限，若寄與個人或其他新聞機關者，均不得以新聞電報論。

第九條　國內新聞電報，分尋常新聞電報，及加急新聞電報兩種。國際新聞電報分尋常新聞電報，加急新聞電報，遲緩新聞電報三種；遲緩新聞電報以與北美洲各處往來者爲限。

第十條　新聞電報之傳遞，依左列次序：

一　加急新聞電報，與加急電報同。

二　尋常新聞電報，與尋常電報同。

三　遲緩新聞電報，與遲緩電報同。

第十一條　尋常及遲緩新聞電報，依特定之尋常及遲緩新聞電報價目收費。加急新聞電報依尋常電報價目收費。（附註）國內新聞電每字收銀二分五厘，尋常電每字收銀一角。

一　尋常新聞電報加註 Press（新聞）字樣，作一字計費。

二　加急新聞尋報加註 D Press（加急新聞）字樣，作二字計費。

三　遲緩新聞電報加註 Lc Press（遲緩新聞）字樣，作二字計費。

第十三條　新聞記者領有二張以上憑照，而照內所塡之收報新聞機關係在同一地方者，得發寄分送新聞電報，加註納費業務標識Tmx（分送若干分）字樣，其抄費依分送尋常電報辦法加收之。

第十四條　新聞電報除第十二條及第十三條規定之標識外，不得加註其他納費業務標識。

第十五條　新聞電報應用明語書寫，國內往來者，以中文英文及羅馬字拼音之日文爲限。與國外往來者，以左列之一種爲限。

一　中文。

二　英文。

三　法文。

四　收報局台所在國指定之准用文字

五　收報新聞機關發刊之文字。

國內羅馬字拼音之日文明語新聞電報，以南京、上海、北平、天津、濟南、青島、漢口等處往來者爲限。

第十六條　新聞電報之電文，以關於政治商業等之消息欲刊登新聞紙或期刊者爲限，不得含有私事性質，或類似廣告之文字。關於刊登該電之註語，得書於電文之前後，均用括弧括入，此項註語字數，不得逾電文計費字數百分之五；且至多不得逾十字。註語及括弧，一律照章計費。

第十七條　匯兌價目及市價以及運動消息，無論有無說明字樣，均准列入新聞電報之內。發報局台對於所載代表匯兌價目等之數目字，如有可疑之處，得查詢是否確實，由發報人據實證明。

第十八條　通信社之新聞記者，其所發之國內新聞電報，請求由中途接轉該電之局台抄送當地新聞機關。此項中途抄送之電報，於收報人姓名住址欄內加註「送某處新聞機關」，其式如左：

收報新聞機關之電報掛號	收報地名	接收中途抄送電報之新聞機關之電報掛號	抄送地點
0002	北平　送	1350	天津＝以下接電文

Reuter Tientsin Drop Reuter Chefoo＝以下接電文

中途抄送之新聞電報，除照章收費外，應加收中途抄送費，依電文字數中文每字收銀一分，英文及日文每字收銀二分。

第十九條　前條規定之中途抄送辦法，須先經交通部核准，遇必要時，得隨時停止之。

第二十條　國內新聞電報以及國外發來之新聞電報，由收報人付費者，應由收報新聞機關預付存款於當地局台。此項存款須足敷半月報費之用，其數由該局台核定，每十日清結一次，並續繳存款。如有短欠，其新聞電報即行停送，並呈報交通部轉知發報局台，對於該電停止收發。

前項收報新聞機關如願遵照交通部規定之記帳發電保證辦法，預存保證金者，毋庸預付存款。

第二十一條　投送新聞電報之局台，認爲必要時，得向收報新聞機關負責人員索取遵守規則之字據。

第二十二條　尋常加急或遲緩新聞電報，違背本規則第十五條及第十六條之規定者，應將納費標識內之Press（新聞）字樣删去，依尋常加急或遲緩電報價目收費。

新聞電報不載入新聞紙或期刊而別作左列之用者亦同。

一　報館接收新聞電報後，不自行發刊，而未能說明充足理由者，或於發刊之前，允將電報傳達私人或機關如總會交易所客寓等處者。

二　報館收到之新聞電報出售，或分送於其他報館刊登在本報之先者。

三　通信社收到之新聞電報，未經新聞紙刊登，而未能說明充足理由，或在未刊登之前，先將電報傳達第三人者。

如查有上列各款情事之一者，其應補之報費，概向收報人收取。

第二十三條　新聞機關或其新聞記者，如有違反本規則之行爲，交通部得暫停其發電，或吊銷其新聞電報憑照。

第二十四條　新聞電報憑照，不得轉讓於他人。

第二十五條　新聞電報憑照有效期間如左：

一　凡在上半年塡發者，自塡發之日起算，至次年年底期滿。

二　凡在下半年塡發者，自塡發之日起算，至第三年六月底期滿。

第二十六條　憑照期滿時，如願繼續發寄新聞電報，應於期滿前兩個月內，呈請交通部換給新照，並附繳憑照費國幣二元，印花稅費國幣一元。

第二十七條　交通部制定公布之關於電報之各項規章，與本規則不相抵觸者，均適用之。

第二十八條　本規則自公布日施行。

第五節　中華郵政新聞紙章程總則

第一條　凡屬各項可以訂購之發布品，無論華文洋文，卽如新聞紙及按期出版物，在中國知名之印刷所，按指定之期，挨次編號出版，每期不逾一個月，且係散張成帙、不用木板布皮等套，或他項堅實之物質裝訂者，如照中國報律，可准郵寄，卽准在發行處應赴之郵務管理局掛號，作爲新聞紙類郵寄。

第二條　僅有如是掛號之出版物，准按郵局新聞紙資例納費，其未經掛號者，應按印刷物類納郵資。

第三條　華文出版物在中國發行具有新聞紙之性質者，倘未向郵局照章掛號，卽不准按印刷物或他類代爲郵寄投遞。

第四條　凡請准予掛號，應將當地相當地方官所發之執照隨附備核。

第五條　新聞紙寄往外洋各國者，香港澳門青島劉公島（威海衞）廣州灣亦括在內，除日本朝鮮關東日本租界不計外，如係寄往已入郵會之國，應按印刷物納費，如係寄往未入郵會之國，應按每重五十格蘭姆（英二兩）收費五分，其餘手續，悉照印刷物類辦理。

第六條　新聞紙寄往國內及未入郵會各國者，其郵資均須預付，新聞紙寄往已入郵會各國者，其郵資雖非必須預要付足，然至少亦須預付若干。

第七條　平常及立劵新聞紙，每包重不得逾三基羅，（英四磅）長寬厚各不得逾四十五桑笛邁當。（各英十八寸）如係捆束成捲，徑寬不逾十桑笛邁當者，（英四寸）長可至七十五桑笛邁當。（英三十寸）

第八條　新聞紙或一分單寄，或數分總捆成包寄遞者，其包皮兩端，均須開露，或其包皮係用繩結束，總期內裝之物，易於查驗，不得封固於封套以內

第九條　新聞紙內外，祇准書寫收者寄者之姓名住址，並無法投遞，如何繳還，以及新聞紙之名目；暨請看某頁某行等字樣，此外一概不准書寫。

第十條　外國新聞紙，如有外國掛號標記，在原出版國認爲掛號新聞紙類，或認爲與該類相同之第二種郵便物者，即可按新聞紙類納費，否則，係照印刷物類辦理。

第十一條　新聞紙計分三類，即係：一平常新聞紙。二，立劵新聞紙。三，總包新聞

紙。茲將三類之辦法，開列於後：

（註）凡有符號各條，均已不適用。

一　平常（第一類）新聞紙

甲　此類新聞紙，應函請郵務長准予掛號，函內應將下開各款逐一報明：

（子）報紙名稱（華文或洋文）

（丑）主筆及館主姓名。

（寅）發行處所。

（卯）幾日一期。

（辰）每期發行若干分，如係業經出版，並應隨呈一分或數分，作爲式樣。

乙　若經郵局准爲掛號，應將（中華郵政特准掛號認爲新聞紙類）等字，排印於該報名目之下，與號數日期同列一行之內，俗甲節子款或寅款無論有何項更改，必須函請重新發給執據，其丑款或卯款如有何更改，須將執據繳呈改正。

丙　平常新聞紙，大抵係以一分寄一處，黏貼郵票交郵局按平常郵件寄遞投送。

二　立劵（第二類）新聞紙

甲　無論華文洋文之新聞紙，在中國知名之出版機關按一定期間出版，每期不逾十日，其數目在五百份以上，每份重量在十公分以上者，准予掛號，享受立劵之利益，以省周折而期迅速寄遞。

乙　凡欲將新聞紙掛號，享受立劵利益，應向郵務長，函請聲明左列之各款：

（子）每期（一）交由郵局投送本埠者，平均計有若干份。（二）交由郵寄遞外埠者，平均有若干份。

（丑）每份平均之重量若干。

丙　前項函請，均應將郵局原發之平常掛號照呈閱，並隨附報紙三份以作式樣。

丁　新聞紙經允准掛號立劵後，應將以下字樣，印於報紙名目之下。（中華郵政特准掛號立劵之報紙）

戊　郵費係按每次交寄份數，（或係一份一寄或係數份作爲一束）之連皮重量以核算之，計本埠分送者每一百格蘭姆收費銀元五釐，寄往外埠投送者，每五十格蘭姆收費銀元五釐，按月所計郵費，共係若干，准其扣減百分之四十。

己　按月郵資應儘次月初五日以前清付，倘於所限時期內未經如數照繳者，即將該報沒收，俟所欠郵費清付後，始可再爲收寄。

庚　報館應以等於一個月郵費之款，預存郵局，此項存款數目，得隨時更訂，俟經報館函請終止立券契約時，如郵費截至終止之日，業已付清，則原存之款即准發還。凡遇揑報違章等弊，郵局得將該款一部或全數沒收。

辛　每次交寄報紙，應隨付報館主筆簽名及標書日期之小條一紙，開明（甲）本埠分送共許若干束，若干份，（乙）寄往外埠共計若干束，若干份，此項小條裝訂成簿，由郵局發給備用。

壬　每束重不逾二基羅。

癸　報紙送交郵局投送，由郡局加蓋特別戳記，即可在本埠投遞，或寄往凡有郵局之處，一概不再索費。

三　總包（第三類）新聞紙

甲　凡華文新聞紙，在中國知名之出版機關，或逐日或間日出版者，可在郵局掛號，訂立合同，作爲總包新聞紙類，任向中國境內汽機所通，而該報派有經理人之處所一體寄送。

乙　凡欲將新聞紙掛號，享受總包利益者，應向郵務長函請按下開各款報明：

（子）每期約將若干份，寄往汽機所通之處。

（丑）每處所派經理人之姓名。

（寅）每份平均之重量若干。

丙　原在郵局掛號之執據，無論如何，必須呈閱。其請函並須隨同報紙式三分一併呈上。

丁　新聞紙若經按此掛號者，應將以下字樣印於報紙名目之下，（已在中華郵政掛號按照總包特別優益寄送之報紙）交寄之時，必須至少以每五十分結束成捆或裝於筐內，惟不得每件摺捲，亦不得每件分交各人，所有每捆每筐，應將寄往處所之地名顯明書寫。

戊　按此封裝之總包新聞紙，如由輪運送，係按彼此預定雙方便利之辦法，在指定之輪船上，由該報所派切實經理人收寄，無須海關准單。至寄抵時，亦按該項辦法，交由該報指定之經理人接收，其由火車運送者，大抵必在郵局交寄。惟經郵務長核准亦可在火車上郵局專櫃，逕交逕收。

巳　每次交寄報紙，無論是否逕交輪船或火車上郵局專櫃，應隨報館主筆簽名及標書日期之小條一紙，開明寄往每一處所計若干份，統共計若干份，此項小條裝訂成簿，由郵局發給備用。

庚　郵費係按每份重不逾一百格蘭姆收取銀元一釐，續加之，每百格蘭姆亦按銀元一簽收納。

辛　按月郵費，應儘次月初五日以前清付，倘於所限時期內未經如數照繳者，即將該報停收，俟所欠郵費清付後始可再爲收寄。

壬　報館應以等於一個月郵費之款，預存郵局，此項存款之數目，得隨時更訂，俟經該報館函請終止總包契約時，如郵費截至終止之日，業已付清，則原存之款，即准發還，凡遇揑報違章等弊，郵局得將該款一部或全數沒收。

第六節　交通部航空載報減收運費規定

二十二年四月十六日起實行

郵局收取新聞紙航空寄費，原係每一航區每二十公分，銀洋一角五分，現改爲不論航區，每五十公分。收取一角五分。又郵局給付中國歐亞兩航空公司之新聞紙運費，原係每一航區每公斤七元五角。現自同日起，改爲不論航區，每公斤給付三元。

附錄

日本戰時新聞政策

於述第五章戰時之採訪既竟，爲明瞭日本戰時之新聞政策起見，更摘錄陳文幹君所著「日本戰時情報組織與宣傳統制」一文於此：

在世界大戰中，歐美各國得到了一個極大的教訓，認爲倘一國在國際宣傳戰中佔優勢，則其在國際活動乃至在外交戰上，亦能確保其優勢。進一步說，倘一國能強化其情報組織與宣傳工作，則其在國際間的地位，亦將因而提高。尤其是在國際關係複雜之今日，倘沒有強固的情報組織與宣傳工作，而欲在國際間活動，圖獲國際的援助，這徒是夢想而已。因此，在歐戰後，各國均競相增設或擴大情報宣傳機關，以爲國民精神上的總動員，而助物質上的即經濟與軍事動員之不足。如德國宣傳部之設立，就是鑒於大戰時宣傳戰失敗所致的，德宣傳部長郭培爾就任時，曾明白宣示：「德國在上次大戰的失敗，不是軍事的失敗，而是忽略了國際宣傳，如果當時德國像今日之注重宣傳，則深信德國決不至失敗。」蘇俄和意大利，也因要致力宣傳，使世人認識其在國際地位之重要。北巖爵士的宣傳政策，卒使英國獲得多數與國，我國北伐成功，從事宣傳工作者的功勳也是不可磨滅的。在今日中國全面抗戰最烈的時候，一方面，固須加强情報宣傳的陣容，而他方面，對于日本的情報宣傳情況，也有加以考察之必要。

原來，日本的情報宣傳機關，是附設於各省（部）的，各自蒐集情報，各自宣傳，其間毫無互相的聯絡，而各部的情報機關是：

外務省——情報部（勵行外交國策之情報宣傳）

陸軍省——新聞班（軍事之普及與宣傳）

海軍省——軍事普及科（軍事之普及與宣傳）

內務省——特高科（防止共產主義之情報）

各省站在自己的立場而宣傳的結果，彼此的宣傳政策往往發生很大的矛盾，情報雖有嚴密的步驟，但效果也未易達到，因此，在昭和十一年（一九三六）年七月，就有內閣情報委員會之設立，將上述各機關的機能加以調整，使其得以發揮其效能，情報委員會的機能有三：

（一）關於實行國家行政各種方策的基礎情報的聯絡調整。

（二）關於內外報道的聯絡調整。

（三）關於啓發宣傳的聯絡調整。

換句話說，情報委員會的機能，只在於聯絡各省的情報事務而加以調整，使國策得以實行，但牠並不直接在民間進出宣傳，因此，情報委員會的作用，並不是積極的。

情報委員會的組織，在六月卅日由內閣總理廣田弘毅正式公布，全文分七條：

第一條。情報委員會屬於內閣總理大臣的管理範圍內，掌理關於各處情報重要事務的聯絡調整。

第二條。情報委員會由委員長及委員組織而成，委員長由內閣書記官長充任，委員是根據內閣總理大臣的奏請在關係各廳勅令官中由內閣任命。

第三條○委員長總理會務，委員長倘另有事故，由內務總理大臣指定某委員代理委員長職務○

第四條○情報委員會中設有幹事長及幹事，幹事長以專任情報委員會事務官充之，承受委員長的指揮，掌理庶務，幹事根據內閣總理大臣的奏請在關係各廳高等官中，由內閣任命，秉承上司的指揮整理庶務○

第五條○情報委員會設有左列職員：事務官三人，奏任○（其中一人得為勅任）專任書記四人，判任○事務官秉承上司命令掌理事務○

第六條○書記的進退，由內閣書記官長決定○

第七條○在第五條的事務官之外，根據內閣總理大臣的奏請，在關係各廳高等官中，內閣得任命事務官○

七七蘆溝橋事發，日本就決將內閣情報委員會改組，擴大為內閣情報部，一如德，意獨裁國家一樣，使一切之情報與宣傳，均在政府統制中○情報部成立後，就變成一個獨立活動的機關，即除將各省情報蒐集後，更作積極的啓發宣傳，情報部的組織如下：

- 常任委員會
- 情報委員會（委員長為內閣書記官長）——情報部
  - 專任事務官
  - （常勤）各省事務官
  - （連絡）情報官

委員會的任務，在于決定一切情報宣傳方針，而情報部就在這方針之下活動，事實上的一切，均由情報部長主持，但與常任委員會保持特別關係○常任委員會則由內閣內務，外務，陸軍，交通各部之委員構成○

情報部設部長一人，專任書記官五人　常勤事務官十二人（最近又增至十四人）。

日本情報部的任務，對內爲連絡各部的情報而加以連絡調整，對外爲發動國民精神聯盟，及企圖對中國作宣傳戰。而情報部對內即對人民的連絡機關就是『週報』，情報部對外的宣傳機關就是『同盟社』。此外，還有關于漫畫，標語，及歌曲的宣傳，均受情報部統制之列，而中國對于日本對內和對外宣傳機關，「週報」與「同盟社」也有特別敘述之必要。

週報是日本對內連絡的唯一刊物，也就是日本政府對其人民唯一宣傳機關，所謂爲了對民衆敎化啓發的宣傳小册子，綠衣的表皮，發刊于情報委員會成立後之三個月內（一九三六年九月），爲內閣發行之官報之雜報欄及玉石混淆之雜報改編而成的，爲獨立的附錄的一種週刊，售價一角，現減售五分。

同盟社是日本對外宣傳的統制機關，牠是合併了日　二大通信社聯合與電通而成的，牠的成立僅二年三個月，其目的在于對外爲消滅歐美通信社在日本的勢力，對內爲實行新聞報道源的統制。同盟社不僅統制了日本的新聞報道源，日　的放送協會，全日本報導業者，電訊，電話，無綫電，等全面的活動，都受着牠的指示，在日本，同盟社的勢力是極大的。

如上所述，同盟社所統制的，多屬于報道源方面，但在評論界方面，尚未受到其限制，因此，軍部傳見各報發行人及責任編輯者談話，示以關于中日戰爭的意見，脅令社論之寫作方針，不得有反軍都反政府之言論發表，否則隨時可加以逮捕。又七·一四，東京警視廳公布新聞發刊標準，禁止各報對軍事祕密透露，並禁止有反戰，反軍部及有煽動性的文字發表，從此，日本的宣傳，就完全受了統制。

今年三月十日，日衆議院全國動員法案審查委員會開會時，更宣稱政府有權于戰時或準戰時狀態下實施全國新聞統制，此爲日本新聞統制之先聲，其實，日政府對新聞統制形式上雖未實現，但實際上已達到統制的地步了。

图书在版编目（CIP）数据

中国近代之报业 / 赵君豪著. —北京：中国传媒大学出版社，2018.3
（中国近代新闻学名著系列丛书 / 芮必峰主编）
ISBN 978-7-5657-2293-6

Ⅰ. ①中… Ⅱ. ①赵… Ⅲ. ①报纸—新闻事业史—研究—中国 Ⅳ. ① G219.29

中国版本图书馆 CIP 数据核字（2018）第 054272 号

中国近代新闻学名著系列丛书
芮必峰 主编
中国近代之报业（上下）
ZHONGGUO JINDAI ZHI BAOYE（SHANG XIA）

著　　者　赵君豪
策划编辑　司马兰　姜颖昳
责任编辑　姜颖昳
封面设计　拓美设计
责任印制　曹　辉

出版发行　中国传媒大学出版社
社　　址　北京市朝阳区定福庄东街 1 号　　邮编：100024
电　　话　86-10-65450532 或 65450528　　传真：010-65779405
网　　址　http://www.cucp.com.cn
经　　销　全国新华书店

印　　刷　北京华联印刷有限公司
开　　本　787mm×1092mm　1/16
印　　张　23.25
字　　数　180 千字
版　　次　2018 年 6 月第 1 版　2018 年 6 月第 1 次印刷

书　　号　ISBN 978-7-5657-2293-6/G · 2293　　定　价　98.00 元（全二册）